上岗轻松学

数码维修工程师鉴定指导中心 组织编写

图解 电动自行车维修快速入门

（视频版）

主　编　韩雪涛
副主编　吴　瑛　韩广兴

扫描书中的"二维码"
开启全新微视频学习模式

机械工业出版社

本书完全遵循国家职业技能标准并按电动自行车维修领域的实际岗位需求，在内容编排上充分考虑电动自行车维修的技能特点，按照学习习惯和难易程度划分成8章，即电动自行车的结构与工作原理、电动自行车的故障特点和检修分析、电动自行车电动机的结构与检修方法、电动自行车控制器的功能特点与检修方法、电动自行车蓄电池的功能特点与检修方法、电动自行车充电器的结构与检修方法、电动自行车电气部件的检修方法、电动自行车维修综合案例。

学习者可以看着学、看着做、跟着练，通过"图文互动"的模式，轻松、快速地掌握电动自行车维修技能。

书中大量的演示图解、操作案例以及实用数据可以供学习者在日后的工作中方便、快捷地查询使用。

本书还采用了微视频讲解的全新教学模式，在重要知识点相关图文的旁边，增添了二维码。学习者只要用手机扫描书中相关知识点的二维码，即可在手机上实时浏览对应的教学视频，视频内容与本书涉及的知识完全匹配，复杂难懂的图文知识通过相关专家的语言讲解，可帮助学习者轻松领会，同时还可以极大地缓解阅读疲劳。

本书可供电动自行车维修人员和用户使用，也可作为电动自行车维修培训教材。

图书在版编目（CIP）数据

图解电动自行车维修快速入门：视频版 / 韩雪涛主编.
— 北京：机械工业出版社，2018.1（2021.5重印）
（上岗轻松学）
ISBN 978-7-111-58963-1

Ⅰ.①图… Ⅱ.①韩… Ⅲ.①电动自行车—维修—图解 Ⅳ.①U484.07-64

中国版本图书馆CIP数据核字（2018）第010331号

机械工业出版社（北京市百万庄大街22号　邮政编码100037）
策划编辑：陈玉芝　　　　责任编辑：陈玉芝　陈文龙
责任校对：张　征　　　　责任印制：常天培
涿州市般润文化传播有限公司印刷
2021年5月第1版第 2 次印刷
184mm×260mm・10印张・225千字
4001—4500册
标准书号：ISBN 978-7-111-58963-1
定价：49.80 元

凡购本书，如有缺页、倒页、脱页，由本社发行部调换

电话服务　　　　　　　　网络服务
服务咨询热线：010-88361066　　机 工 官 网：www.cmpbook.com
读者购书热线：010-68326294　　机 工 官 博：weibo.com / cmp1952
　　　　　　　010-88379203　　金　书　网：www.golden-book.com
封面无防伪标均为盗版　　　　　教育服务网：www.cmpedu.com

编委会

主　编　韩雪涛

副主编　吴　瑛　韩广兴

参　编　张丽梅　马梦霞　韩雪冬　张湘萍

　　　　朱　勇　吴惠英　高瑞征　周文静

　　　　王新霞　吴鹏飞　张义伟　唐秀鸯

　　　　宋明芳　吴　玮

前言

电动自行车维修技能是一项专业、基础、实用技能。该项技能的岗位需求非常广泛。随着技术的飞速发展以及市场竞争的日益加剧,越来越多的人认识到实用技能的重要性,电动自行车维修技能的学习和培训也逐渐从知识层面延伸到技能层面,学习者更加注重电动自行车维修技能的实用性和时效性。然而,目前市场上很多相关的图书仍延续传统的编写模式,不仅严重影响了学习的时效性,而且在实用性上也大打折扣。

针对这种情况,为使电动自行车维修人员快速掌握技能,及时应对岗位的发展需求,我们对电动自行车维修技能的相关内容进行了全新的梳理和整合,并引入多媒体表现手法,力求打造出具有全新学习理念的电动自行车维修入门图书。

在编写理念方面

本书以市场需求为导向,以直接指导就业作为图书编写的目标,注重实用性和知识性的融合,将学习技能作为图书的核心思想。书中的知识内容完全为技能服务,知识内容以实用、够用为主。全书突出操作、强化训练,让学习者在阅读本书时不是在单纯地学习内容,而是在练习技能。

在内容结构方面

本书在结构的编排上,充分考虑当前市场的需求和学习者的情况,结合实际岗位培训的经验进行全新的章节设置;内容的选取以实用为原则,案例的选择严格按照上岗从业的需求展开,确保内容符合实际工作的需要;知识性内容在注重系统性的同时以够用为原则,明确知识为技能服务,确保本书内容符合市场需要,具备很强的实用性。

在编写形式方面

本书突破传统图书的编排和表述方式,引入了多媒体表现手法,采用双色图解的方式向学习者演示电动自行车维修技能,将传统意义上的以"读"为主变成以"看"为主,力求用生动的图例演示取代枯燥的文字叙述,使学习者通过二维平面图、三维结构图、演示操作图、实物效果图等多种图解方式直观地获取实用技能中的关键环节和知识要点。本书力求在最大程度上丰富纸质载体的表现力,充分调动学习者的学习兴趣,达到最佳的学习效果。

另外,本书还开创了数字媒体与传统纸质载体交互的全新教学方式。学习者可以通过手机扫描书中的二维码,实时浏览对应知识点的数字媒体资源。数字媒体资源与本书的图文资源相互衔接,相互补充,可以充分调动学习者的主观能动性,确保学习者在短时间内获得最佳的学习效果。

在专业能力方面

本书编委会由行业专家、高级技师、资深多媒体工程师和一线教师组成，编委会成员除具备丰富的专业知识外，还具备丰富的教学实践经验和图书编写经验。

为确保本书的行业导向和专业品质，特聘请原信息产业部职业技能鉴定指导中心资深专家韩广兴亲自指导，充分以市场需求和社会就业需求为导向，确保本书内容符合规范就业的要求。

本书由韩雪涛任主编，吴瑛、韩广兴任副主编，张丽梅、马梦霞、朱勇、唐秀鸯、韩雪冬、张湘萍、吴惠英、高瑞征、周文静、王新霞、吴鹏飞、宋明芳、吴玮、张义伟参加编写。

读者通过学习与实践还可参加相关资质的资格认证，获得相应等级的资格证书。如果读者在学习和考核认证方面有什么问题，可通过以下方式与我们联系。

数码维修工程师鉴定指导中心
网址：http://www.chinadse.org
联系电话：022-83718162/83715667/13114807267
E-MAIL：chinadse@163.com
地址：天津市南开区榕苑路4号天发科技园8-1-401 邮编：300384

希望本书的出版能够帮助读者快速掌握电动自行车维修技能，同时欢迎广大读者给我们提出宝贵的建议！如书中存在问题，可发邮件至cyztian@126.com与编辑联系！

编 者

目 录

前言

第1章　电动自行车的结构与工作原理 ··· 1

1.1　电动自行车的整体结构 ·· 1
1.1.1　电动自行车机械系统的结构 ·· 1
1.1.2　电动自行车电气系统的结构 ·· 4
1.2　电动自行车的工作原理 ·· 8
1.2.1　电动自行车的控制关系 ·· 8
1.2.2　电动自行车的工作过程 ·· 11

第2章　电动自行车的故障特点和检修分析 ····································· 13

2.1　电动自行车的故障特点 ·· 13
2.1.1　电动自行车机械系统的故障特点 ·· 13
2.1.2　电动自行车电气系统的故障特点 ·· 16
2.2　电动自行车常见故障的检修流程 ··· 20
2.2.1　电动自行车供电异常的检修流程 ·· 20
2.2.2　电动自行车控制不良的检修流程 ·· 24
2.2.3　电动自行车动力不良的检修流程 ·· 25

第3章　电动自行车电动机的结构与检修方法 ································· 26

3.1　电动自行车电动机的结构 ··· 26
3.1.1　有刷直流电动机（定子为永磁体）的结构 ··························· 27
3.1.2　无刷直流电动机（转子为永磁体）的结构 ··························· 31
3.2　电动自行车电动机的工作原理 ·· 34
3.2.1　有刷直流电动机的工作原理 ·· 34
3.2.2　无刷直流电动机的工作原理 ·· 36
3.3　电动自行车电动机的检修方法 ·· 38
3.3.1　有刷直流电动机的检修方法 ·· 38
3.3.2　无刷直流电动机的检修方法 ·· 42
3.4　电动自行车电动机的代换 ··· 47
3.4.1　寻找可代替的电动机 ·· 47
3.4.2　代换电动机 ··· 49
3.4.3　通电试机 ·· 49

第4章　电动自行车控制器的功能特点与检修方法 ··························· 50

4.1　电动自行车控制器的种类与功能特点 ······································· 50
4.1.1　电动自行车控制器的种类 ·· 50
4.1.2　电动自行车控制器的功能特点 ··· 51
4.2　电动自行车控制器的连接关系 ·· 52
4.2.1　有刷直流电动机控制器的连接关系 ····································· 52
4.2.2　无刷直流电动机控制器的连接关系 ····································· 53
4.3　电动自行车控制器的结构与工作原理 ······································· 54
4.3.1　有刷直流电动机控制器的结构与工作原理 ··························· 54
4.3.2　无刷直流电动机控制器的结构与工作原理 ··························· 61
4.4　电动自行车控制器的检修方法 ·· 65
4.4.1　电动自行车控制器的检修流程 ··· 65
4.4.2　电动自行车控制器的拆卸与代换 ·· 74

第5章　电动自行车蓄电池的功能特点与检修方法 76

5.1 电动自行车蓄电池的种类与功能特点 76
5.1.1 电动自行车蓄电池的种类 76
5.1.2 电动自行车蓄电池的功能特点 78

5.2 电动自行车蓄电池的结构与工作原理 79
5.2.1 电动自行车蓄电池的结构 79
5.2.2 电动自行车蓄电池的工作原理 82

5.3 电动自行车蓄电池的检测方法 85
5.3.1 蓄电池电压的检测方法 85
5.3.2 蓄电池容量的检测方法 86
5.3.3 蓄电池中单体蓄电池的检测方法 87

5.4 电动自行车蓄电池的更换与修复方法 90
5.4.1 蓄电池中单体蓄电池的更换重组 90
5.4.2 蓄电池中单体蓄电池的修复 92

第6章　电动自行车充电器的结构与检修方法 97

6.1 电动自行车充电器的结构与工作原理 97
6.1.1 电动自行车充电器的结构 97
6.1.2 电动自行车充电器的工作原理 99

6.2 电动自行车充电器的检修方法 106
6.2.1 熔断器的检修方法 108
6.2.2 桥式整流电路的检修方法 108
6.2.3 滤波电容器的检修方法 109
6.2.4 开关振荡集成电路的检修方法 110
6.2.5 开关晶体管的检修方法 111
6.2.6 开关变压器的检修方法 112
6.2.7 光耦合器的检修方法 112
6.2.8 运算放大器集成电路的检修方法 113

第7章　电动自行车电气部件的检修方法 114

7.1 电动自行车转把的检修方法 114
7.1.1 电动自行车转把的结构与工作原理 114
7.1.2 电动自行车转把的拆卸 116
7.1.3 电动自行车转把的检修 117

7.2 电动自行车助力传感器的检修方法 119
7.2.1 电动自行车助力传感器的结构与工作原理 119
7.2.2 电动自行车助力传感器的检测 120
7.2.3 电动自行车助力传感器的代换 121

7.3 电动自行车仪表盘的检修方法 123
7.3.1 电动自行车仪表盘的结构与工作原理 123
7.3.2 电动自行车仪表盘的检修 124

7.4 电动自行车其他电气部件的检修方法 126
7.4.1 电动自行车车灯的检修方法 126
7.4.2 电动自行车喇叭的检修方法 128
7.4.3 电动自行车报警系统的检修方法 129
7.4.4 电动自行车闸把的检修方法 130

第8章　电动自行车维修综合案例 133

8.1 电动自行车控制失常维修案例 133

  8.1.1 电动自行车速度失控故障的检修 ……………………………………………………133
  8.1.2 电动自行车速度缓慢且驱动无力故障的检修 ………………………………………136
  8.1.3 电动自行车行驶中颠簸后突然飞车故障的检修 ……………………………………138
  8.1.4 电动自行车转速异常后屡烧控制器功率晶体管故障的检修 ………………………140
  8.1.5 电动自行车转把突然失灵故障的检修 ………………………………………………142
  8.1.6 电动自行车制动时加速运行故障的检修 ……………………………………………144
  8.1.7 电动自行车起动突跳故障的检修 ……………………………………………………146
  8.1.8 电动自行车起步困难需加外力才能起动故障的检修 ………………………………147
 8.2 电动自行车电源及充电异常维修案例 …………………………………………………149
  8.2.1 电动自行车充电器输出电压过高故障的检修 ………………………………………149
  8.2.2 电动自行车充电器不能充电故障的检修 ……………………………………………151

第1章 电动自行车的结构与工作原理

1.1 电动自行车的整体结构

电动自行车是以蓄电池等电能储存装置为主能源，以人力骑行为辅助能源，来实现骑行、电力驱动、电力助动以及变速等功能的特种自行车。电动自行车的整体结构可分为两大部分，即机械系统和电气系统。

1.1.1 电动自行车机械系统的结构

电动自行车的机械系统简单地说是指与普通自行车相同的部分。该系统大致由承重部分（车把、车架、车梯、鞍座和前叉）、人力驱动部分（脚蹬、链条、飞轮、前轮和后轮）和制动部分（闸线、前车闸和后车闸）等构成。

【电动自行车机械系统的结构】

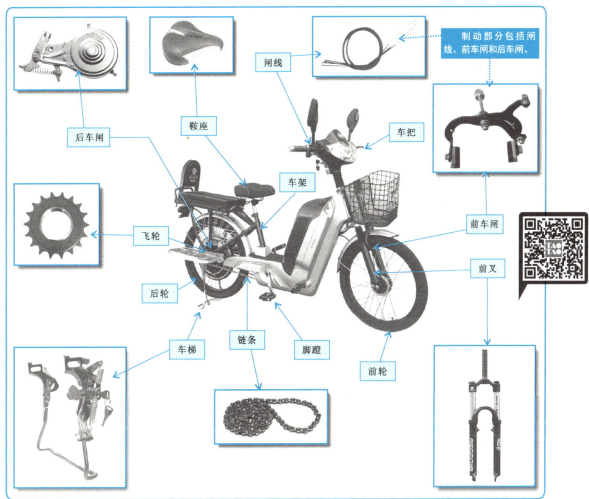

1. 电动自行车的承重部分

电动自行车的承重部分主要包括车把、车架、车梯、鞍座和前叉。其中，车把用于操纵电动自行车的行驶方向；车架、车梯和鞍座用于支撑整个车体和骑行人员的重量，并承载着电动自行车的所有零部件；前叉可以随车把转动而灵活动作，使前轮改变方向，并且能够固定前轮，还具有减振功能。

【电动自行车承重部分的结构】

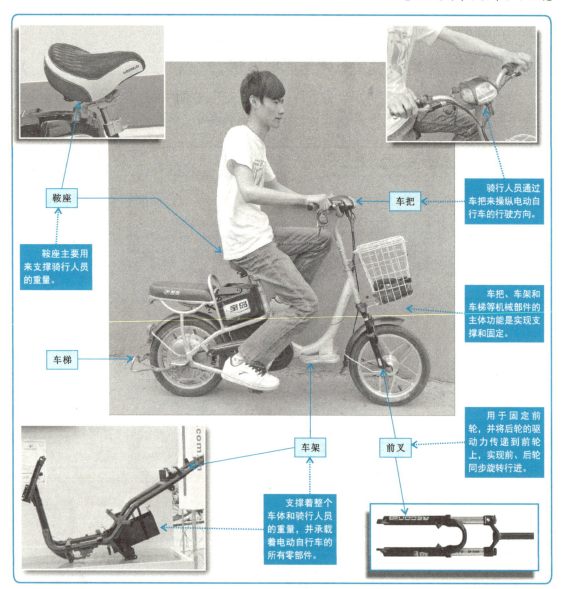

特别提醒

在电动自行车中，上述部件构成了一个整体，它不仅具有操纵、支撑作用，而且承受着电动自行车在行驶过程中重力和冲击力等作用于车轮上的各种反作用力，保证电动自行车的行驶安全。

2. 电动自行车的人力驱动部分

电动自行车的人力驱动部分主要包括脚蹬、链条、飞轮和前后轮。骑行人员通过踩踏脚蹬带动轮盘转动，轮盘带动链条使飞轮转动，从而带动后轮转动，驱动电动自行车前进。

【电动自行车人力驱动部分的结构】

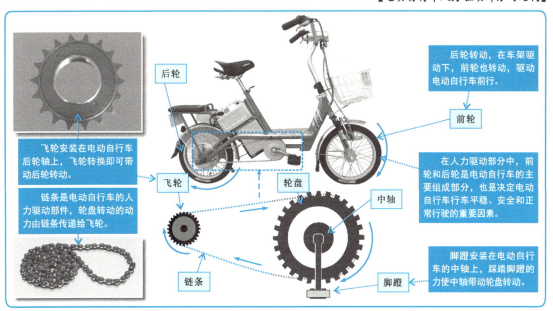

 3. 电动自行车的制动部分

电动自行车的制动部分主要包括闸线和前、后车闸。前、后车闸受闸把控制，主要用来对电动自行车进行制动，以降低行驶速度。

【电动自行车制动部分的结构】

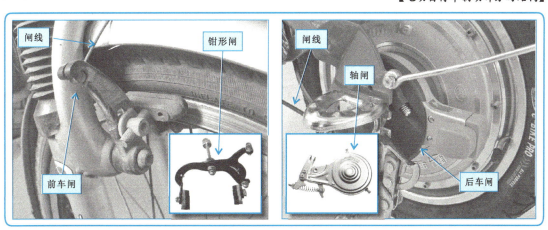

特别提醒

钳形闸也称为轮缘闸，由机械杠杆、推杆和钢丝绳等构成，通过这些器件调节闸皮和前轮轮圈间的摩擦力，使转动中的车轮停止。轴闸也称为抱闸或涨闸，是制动轴承的装置，其制动效果较好，而且使用寿命较长。

1.1.2 电动自行车电气系统的结构

电动自行车的电气系统是电动自行车特有的部分，主要是指与"电"相关的功能部件，具有一定的控制、操作和执行功能。该系统大致包括控制器、电动机、蓄电池、转把、闸把、仪表盘、电源锁、车灯和充电器等部分。

【电动自行车电气系统的结构】

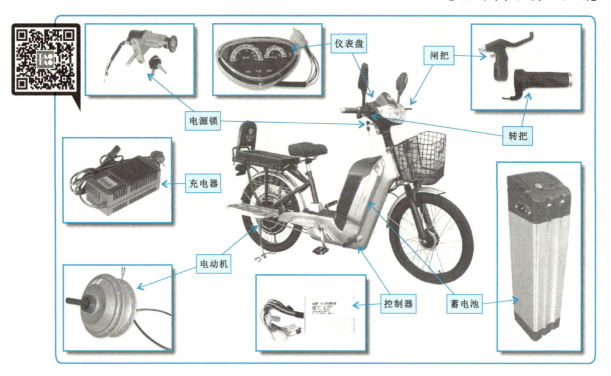

 1. 控制器

电动自行车中的控制器也称为速度控制器。电动自行车中电动机的起动、运行、变速、定速和停止等工作状态均是由控制器进行控制的，这是控制器的基本功能。根据电动机的不同，控制器又分为有刷控制器和无刷控制器两种。

【电动自行车中的控制器】

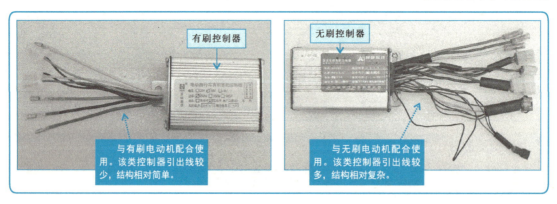

2. 电动机

电动自行车的电动机将蓄电池的电能转换成机械能，从而驱动电动自行车的后轮转动。目前，常见的电动自行车电动机包括有刷电动机和无刷电动机两种。

【电动自行车中的电动机】

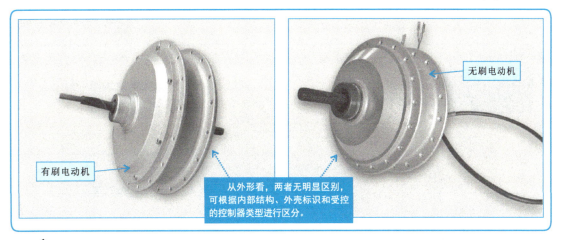

 ## 3. 蓄电池

蓄电池是一种储存电能的专用装置。它在电动自行车中的主要作用是为所有的电气部件供电。

【电动自行车中的蓄电池】

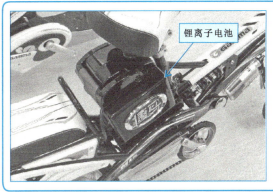
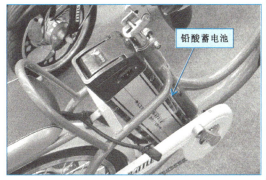

特别提醒

铅酸蓄电池属于酸性蓄电池，是目前使用量最多的一类蓄电池。目前，电动自行车常用3块或4块单体铅酸蓄电池串联成36V或48V两种车用蓄电池。

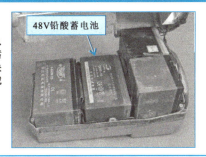
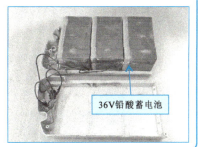

4. 充电器

　　充电器是电动自行车重要的配套器件，是专门为蓄电池充电的装置。通常在购买电动自行车时，会根据蓄电池的型号配套附带充电器。其主要功能是将交流220 V电压转换成36V或48V的直流充电电压，从而为电动自行车的蓄电池充电。

【电动自行车中的充电器】

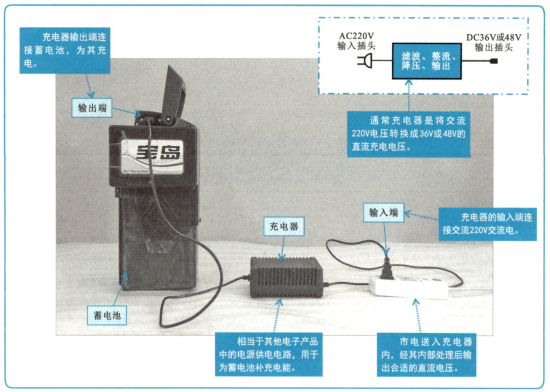

 5. 转把

　　转把是电动自行车中用来控制、调节行驶速度的重要部件。根据转把内部使用的传感器不同，可将转把分为霍尔转把和光电转把两种。

【电动自行车中的转把】

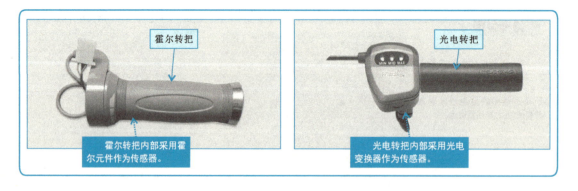

 **6. 闸把**

电动自行车中的闸把就是制动闸把，它一方面进行机械制动，同时产生电子制动信号，使控制器切断电动机的供电，达到制动的目的。

【电动自行车中的闸把】

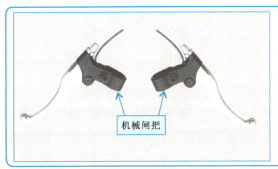
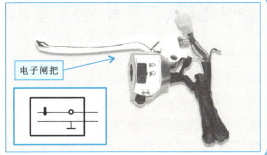

 7. 其他电气部件

在电动自行车的电气系统中，除上述介绍的主要电气部件之外，还包括仪表盘、车灯、喇叭、助力传感器、电源锁和报警系统等。

【电动自行车中的仪表盘和车灯】

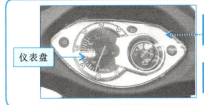

【电动自行车中的电源锁和助力传感器】

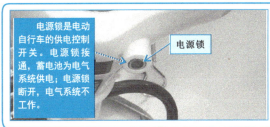

【电动自行车中的喇叭和报警系统】

1.2 电动自行车的工作原理

在了解了电动自行车的整体结构后，还应从整体上搞清楚电动自行车的控制过程，了解其电路的基本工作原理，为实际检修做好准备。

1.2.1 电动自行车的控制关系

控制器是电动自行车的控制核心，几乎所有的电气部件都与控制器进行连接。电动自行车在控制器的控制与协调下，实现电动、助力等行驶功能。

【典型电动自行车的控制关系示意图】

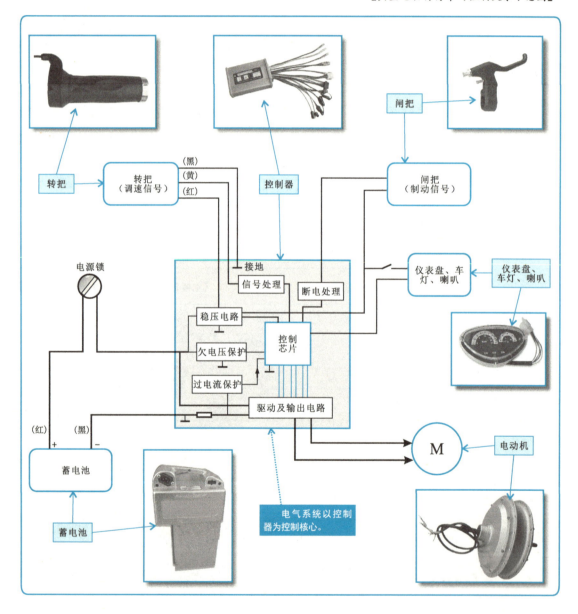

1. 电动自行车的供电过程

在电动自行车中，蓄电池通过电源锁与控制器连接，直流供电电压经控制器内部稳压电路及相关保护电路后，为其他电气部件供电。

【电动自行车的供电过程】

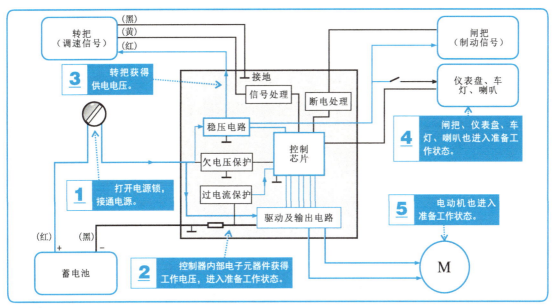

 2. 转把对电动机的控制

旋转转把，转把便会输出调速信号（直流电压）并将其送到控制器中，经控制器内部处理后，由驱动及输出电路输出驱动信号，驱动电动机绕组，使电动机旋转。

【转把对电动机的控制】

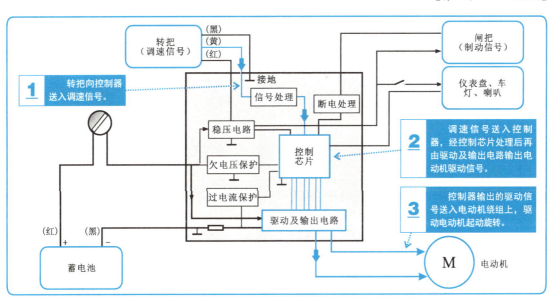

3. 闸把对电动机的制动过程

当捏下闸把时，闸把中的触点动作，向电动自行车控制器输入制动信号，由控制芯片识别后进行断电处理，停止输出驱动信号，电动机失电停止转动。

【闸把对电动机的制动过程】

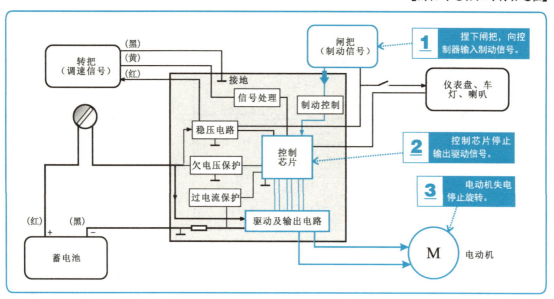

4. 仪表盘、车灯、喇叭的控制过程

仪表盘、车灯、喇叭均通过控制器后再与供电电压连接，但与控制器并没有直接的控制关系。其中，仪表盘受电源锁控制；车灯、喇叭分别由设置在闸把上的控制开关控制。

【仪表盘、车灯、喇叭的控制过程】

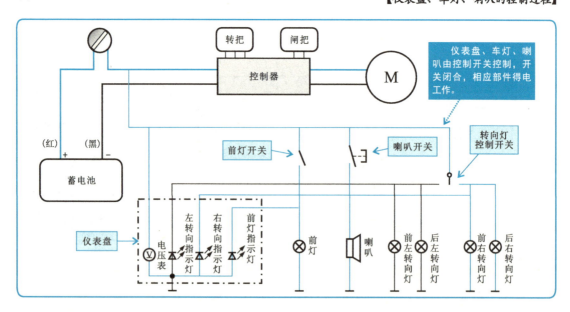

1.2.2 电动自行车的工作过程

电动自行车是用电力驱动行使的一种交通工具，其自动行驶功能是通过一定的工作流程实现的。

【电动自行车实现自动行驶功能的工作过程】

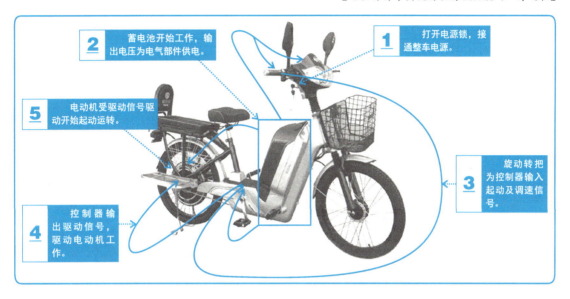

【电动自行车主要部件的功能】

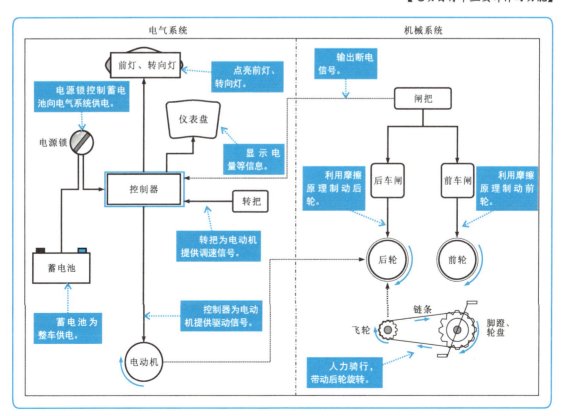

【电动自行车的驱动原理】

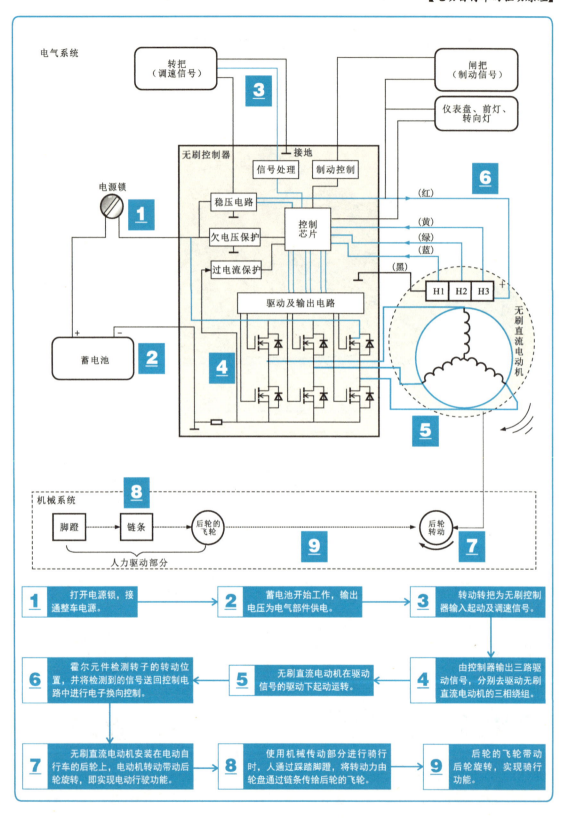

第2章
电动自行车的故障特点和检修分析

2.1 电动自行车的故障特点

▶ 2.1.1 电动自行车机械系统的故障特点

电动自行车的机械系统故障，主要是指电动自行车因机械零部件异常而引发的故障。由于电动自行车机械系统是由其车体部件组合安装而成的，因此机械系统的故障非常直观、明显，多表现为安装及连接不当、润滑不良或机械部件损坏等。

【机械系统的故障特点】

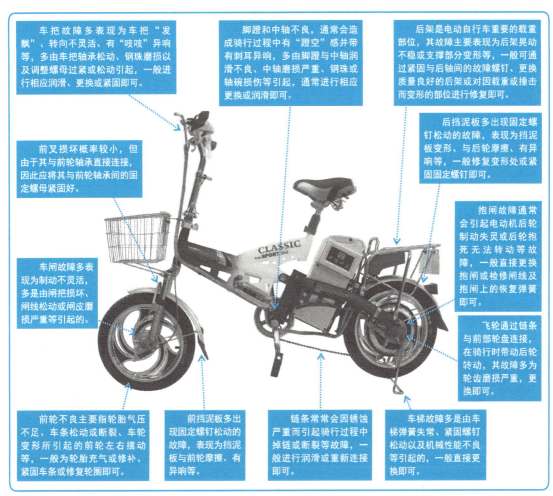

车把故障多表现为车把"发飘"、转向不灵活、有"吱吱"异响等，多由车把轴承松动、钢珠磨损以及调整螺母过紧或松动引起，一般进行相应润滑、更换或紧固即可。

脚蹬和中轴不良，通常会造成骑行过程中有"蹬空"感并带有刺耳响声，多由脚蹬与中轴润滑不良、中轴磨损严重、钢珠或轴碗损伤等引起，通常进行相应更换或润滑即可。

后架是电动自行车重要的载重部位，其故障主要表现为后架晃动不稳或支撑部分变形等，一般可通过紧固与后轴间的故障螺钉、更换质量良好的后架或对因载重或撞击而变形的部位进行修复即可。

前叉损坏概率较小，但由于其与前轮轴承直接连接，因此应将其与前轮轴承间的固定螺母紧固好。

后挡泥板多出现固定螺钉松动的故障，表现为挡泥板变形、与后轮摩擦、有异响等，一般修复变形处或紧固固定螺钉即可。

车闸故障多表现为制动不灵活，多是由闸把损坏、闸线松动或闸皮磨损严重等引起的。

抱闸故障通常会引起电动机后轮制动失灵或后轮抱死无法转动等故障，一般直接更换抱闸或检修闸线、抱闸上的恢复弹簧即可。

飞轮通过链条与前部轮盘连接，在骑行时带动后轮转动，其故障多为轮齿磨损严重，更换即可。

前轮不良主要指轮胎气压不足、车条松动或断裂、车轮变形所引起的前轮左右摆动等，一般为轮胎充气或修补、紧固车条或修复轮圈即可。

前挡泥板多出现固定螺钉松动的故障，表现为挡泥板与前轮摩擦、有异响等。

链条常常会因锈蚀严重而引起骑行过程中掉链或断裂等故障，一般进行润滑或重新连接即可。

车梯故障多是由车梯弹簧失常、紧固螺钉松动以及机械性能不良等引起的，一般直接更换即可。

> **特别提醒**
>
> 机械系统故障，多是一些部件长时间使用磨损或保养不良等原因造成的。比较容易出现故障的机械部件包括车把、脚蹬、中轴、链条、车闸、车梯和飞轮等，平时应多注意这些部件的检查与维护。

1. 车把晃动、转向不灵活的故障特点

电动自行车车把晃动、转向不灵活主要表现为电动自行车在行驶过程中，车把出现明显晃动，转向时车把"发轴"、不灵活。

【车把晃动、转向不灵活的故障特点】

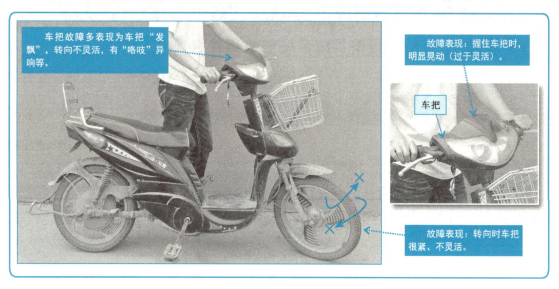

2. 中轴发出"吱吱"声的故障特点

踩动电动自行车的脚蹬进行人力骑行时，可听到中轴部分发出"吱吱"的摩擦噪声，并能明显感觉到车身晃动。

【中轴发出"吱吱"声的故障特点】

3. 车闸制动异常的故障特点

在行驶过程中，捏紧电动自行车的前闸把或后闸把时，感觉闸线过松，制动效果不明显；或是闸线过紧，制动过于突然，车轮打滑。

【车闸制动异常的故障特点】

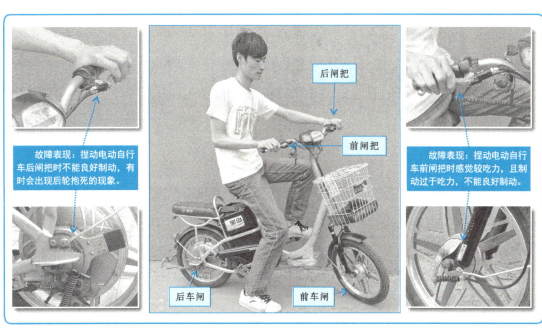

4. 车轮异常扭动的故障特点

车轮出现左右摆动、行走吃力等情况时，说明可能出现轮胎气压不足、车条松动或断裂、车轮变形等情况。

【车轮异常扭动的故障特点】

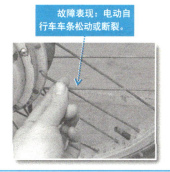

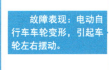

其他机械部件，如链条常常会因锈蚀严重，引起骑行过程中掉链或断裂等情况；车梯不良，通常会造成电动自行车无法支撑或支撑不稳；挡泥板出现故障，多表现为挡泥板与车轮摩擦、松动、有异响等；后架不良，表现为后架晃动不稳或支撑部分变形等。

2.1.2 电动自行车电气系统的故障特点

电动自行车可以在蓄电池供电的情况下实现自动行驶，用户可以通过车把处的转把控制电动自行车行驶的速度。这些功能主要是由电动自行车的电气系统实现的。电动自行车电气系统的故障，主要是指电动自行车因电气系统异常而引发的故障，如控制器、电动机、转把或蓄电池等电气部件异常而引发的故障。其故障特点与机械系统的故障特点有非常明显的区别。

【电气系统的故障特点】

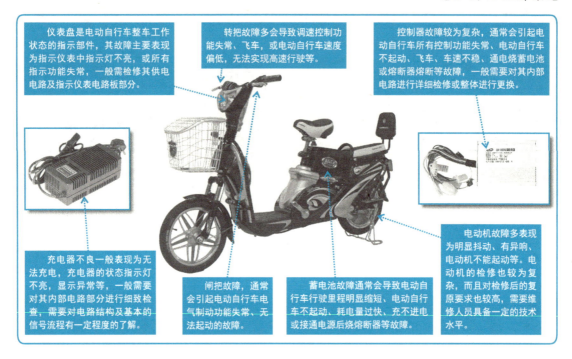

 1. 电动自行车不起动的故障特点

电动自行车不起动主要表现为打开电动自行车电源锁后，拧动调速转把，电动自行车不能起动，即后轮（电动机）不转。

【不起动的故障特点】

2. 电动自行车行驶抖动的故障特点

电动自行车行驶抖动的故障主要表现为电动自行车起动后运转无力，并伴有抖动的现象。

【行驶抖动的故障特点】

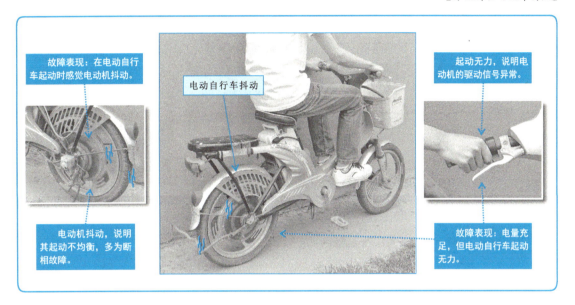

 3. 电动自行车飞车（高速失控）的故障特点

电动自行车在骑行中，因道路不平严重颠簸了一下，便突然加速，旋动转把失效，出现飞车故障，切断电源锁可停机，但一接通电源仍飞车。

【飞车的故障特点】

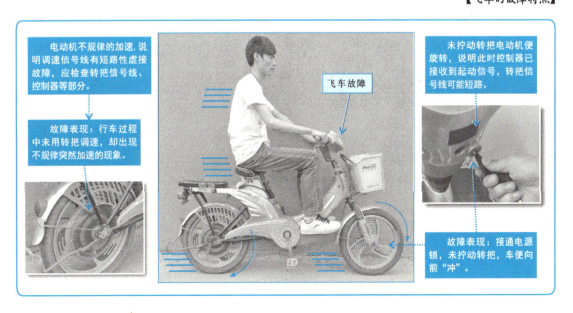

4. 行驶里程严重缩短的故障特点

电动自行车行驶里程严重缩短的故障，表现为蓄电池在充满电或同等电量的状态下，行驶里程或可持续行驶时间明显缩短。

【行驶里程严重缩短的故障特点】

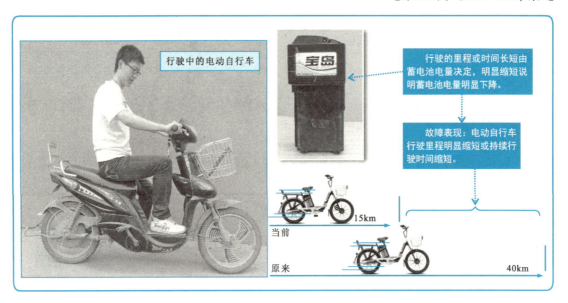

5. 蓄电池放置一段时间后存电不足或无电的故障特点

电动自行车蓄电池满电的条件下，存放几天后再使用时，接通电源便出现电池电量不足，需充电的提示。

【蓄电池放置一段时间后存电不足或无电的故障特点】

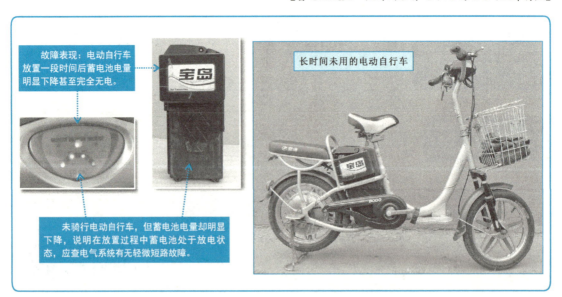

6. 蓄电池及充电异常的故障特点

蓄电池及充电异常包括蓄电池本身异常（如蓄电池鼓包漏液）、充电状态异常（如无法充电、充电不足）等。

【蓄电池及充电异常的故障特点】

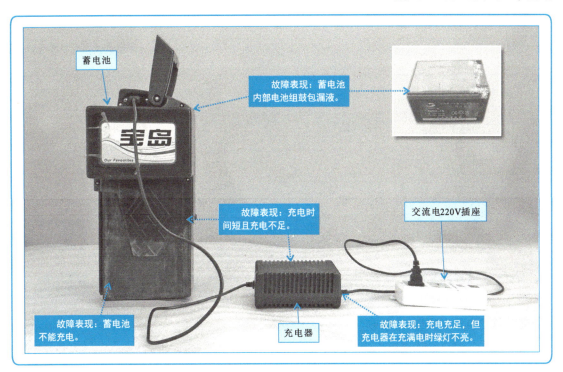

 7. 仪表盘指示异常的故障特点

电动自行车仪表盘指示异常，通常表现为仪表盘的指示灯不亮但电动机正常，或仪表盘的指示灯不亮且电动机不正常等情况。

【仪表盘指示异常的故障特点】

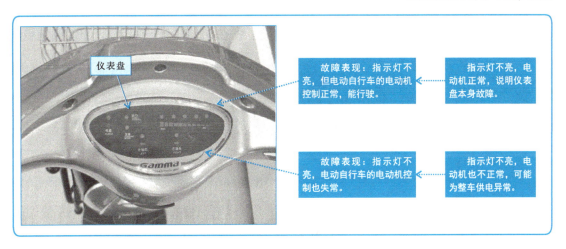

2.2 电动自行车常见故障的检修流程

2.2.1 电动自行车供电异常的检修流程

在电动自行车供电异常的故障中，电源锁故障和蓄电池故障是其最为常见的两个原因，需认真检查。

【供电异常的一般检修流程】

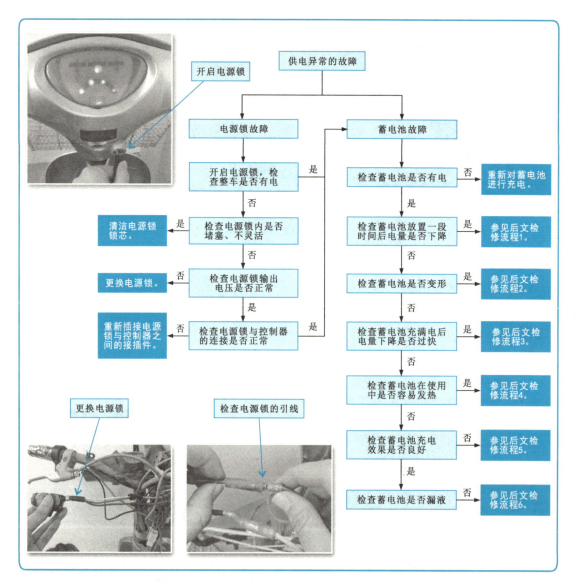

> **特别提醒**
>
> 电动自行车供电异常的故障，还可细分为蓄电池存电异常、蓄电池变形、蓄电池充电后自放电严重、蓄电池自身发热、蓄电池充电效果不良和蓄电池漏液等故障。这些故障的具体检修流程不同，下面将进行具体介绍。

1. 蓄电池存电异常的检修流程

蓄电池存电异常即蓄电池放置一段时间后电量下降明显，多是由蓄电池导线对地短路、蓄电池内部故障引起的。

【蓄电池存电异常的检修流程】

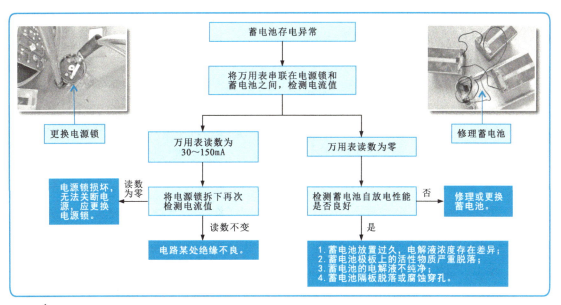

 2. 蓄电池变形的检修流程

蓄电池变形故障一般从外观上即可进行判断。该故障多是由内部单格或多格蓄电池损坏引起的。

【蓄电池变形的检修流程】

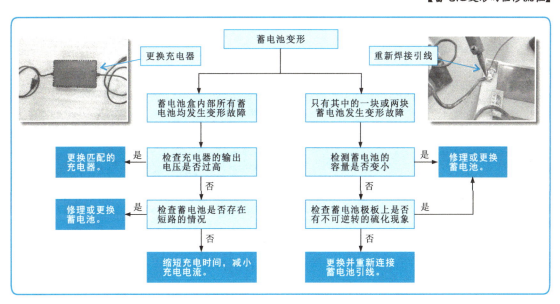

3. 蓄电池充电后自放电严重的检修流程

蓄电池充电后自放电严重的故障，多是由电路中的主供电电路对地短路或蓄电池本身性能不良等引起的。

【蓄电池充电后自放电严重的检修流程】

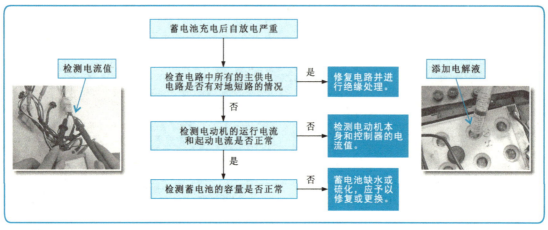

 4. 蓄电池自身发热的检修流程

正常情况下，蓄电池在使用或充电过程中会有一定程度发热的现象，但若短时间内外壳温度上升过快，则属于过热故障，可能会造成蓄电池内部电解液蒸发过快而使蓄电池内部电解液干涸，加速蓄电池内部极板的氧化，最终导致蓄电池容量下降，性能不良。该故障多是由电动自行车中机械部件不良引起的阻力过大、负载过大或电路中存在短路等故障引起的。

【蓄电池自身发热的检修流程】

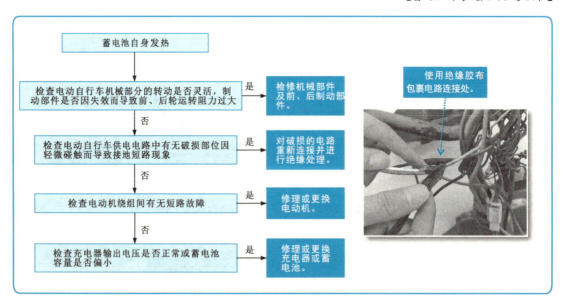

5. 蓄电池充电效果不良的检修流程

蓄电池充电效果不良（蓄电池容量下降）多是由蓄电池内部不良引起的，常见的故障类型有蓄电池内部缺水、电解质干涸和极板硫化等。

【蓄电池充电效果不良的检修流程】

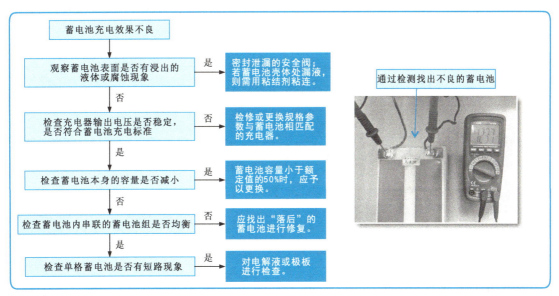

 6. 蓄电池漏液的检修流程

蓄电池漏液一般是指打开蓄电池外壳后，在其内部蓄电池组的安全阀处有明显的氧化腐蚀现象，多是由安全阀密封不良引起的。

【蓄电池漏液的检修流程】

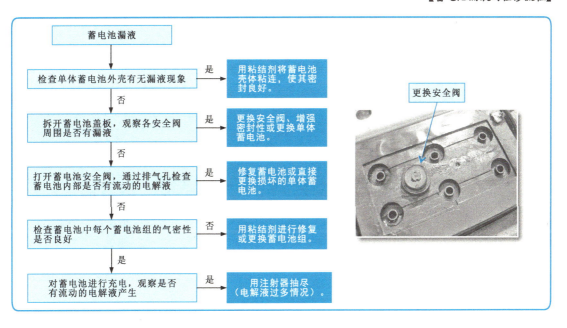

2.2.2 电动自行车控制不良的检修流程

在电动自行车控制不良的故障中，转把故障、闸把故障和控制器故障是最为常见的三个原因，需认真检查。

【控制不良的一般检修流程】

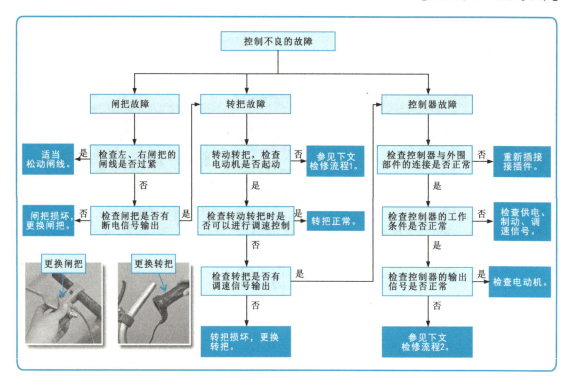

 1. 转动转把时电动机不起动的检修流程

转动转把时电动机不起动是指在电动机正常的情况下，转动转把时电动机不能够起动运转。该故障多是由转把损坏或控制器内部元器件异常引起的。

【转动转把时电动机不起动的检修流程】

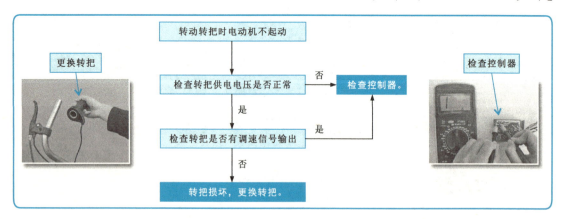

2. 控制器输出异常的检修流程

控制器输出异常是指在控制器的供电、制动和调速信号均正常的情况下，控制器的输出电压使电动机高速运转、控制器输出电压不稳、控制器无输出或控制器输出断相等。该故障多是由控制器内部元器件异常引起的。

【控制器输出异常的检修流程】

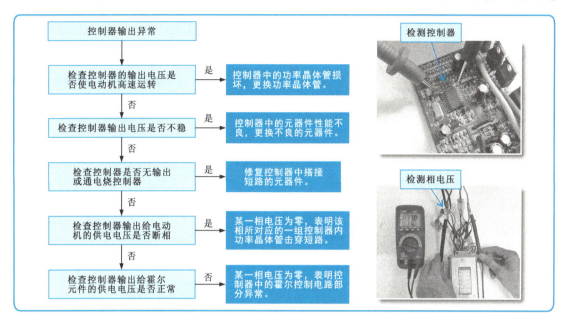

2.2.3 电动自行车动力不良的检修流程

在电动自行车动力不良的故障中，转把故障、控制器故障和电动机故障是最为常见的三个原因，需认真检查。

【动力不良的一般检修流程】

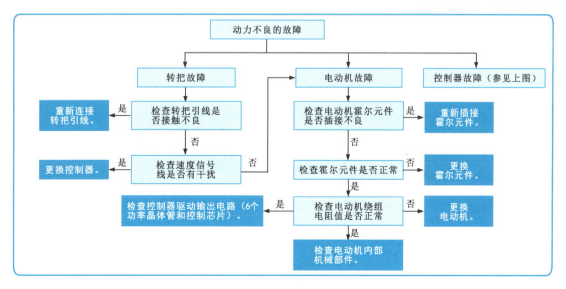

第3章
电动自行车电动机的结构与检修方法

3.1 电动自行车电动机的结构

电动自行车中使用的电动机一般为直流电动机。其作用是将蓄电池的电能转化为驱动电动自行车车轮转动的机械能。电动自行车多采用后轮驱动方式，因此，电动机一般与后轮制成一体，可以很容易找到。

【电动自行车中电动机的安装位置】

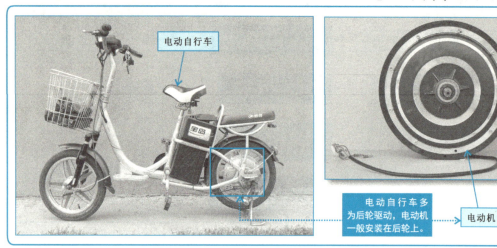

特别提醒

要学习电动自行车电动机的检修方法，首先要细致地了解不同类型电动机的结构特点和功能。这是学习检修电动自行车电动机的第一步。

在目前流行的电动自行车中，所采用的电动机分为有刷直流电动机和无刷直流电动机两种类型。不同类型电动机的具体结构也有所不同。

【电动自行车中电动机的两种类型】

3.1.1 有刷直流电动机(定子为永磁体)的结构

有刷直流电动机是指内部带有电刷和换向器的一类直流电动机。它的主要特点是通过内部电刷和换向器实现电能的供给和转换。该电动机采用外转子式结构。

【典型有刷直流电动机的内部结构】

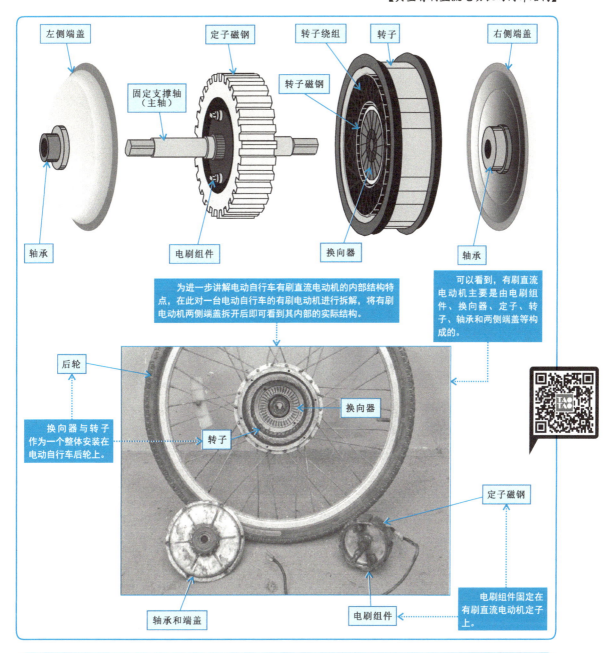

特别提醒

电动自行车的电动机作为车轮的一部分,是一种外转子式电动机,转子与车轮制成一体,与主轴连在一起的是定子。

1. 电刷组件

电刷组件是有刷直流电动机中的核心部件,通常包括电刷、压力弹簧和电刷架几部分。其中,电刷与压力弹簧连接后由电刷架固定在电动机定子上,主要作用于与之配合工作的换向器上,作为导入、导出电流的滑动接触体。

【电刷组件的结构】

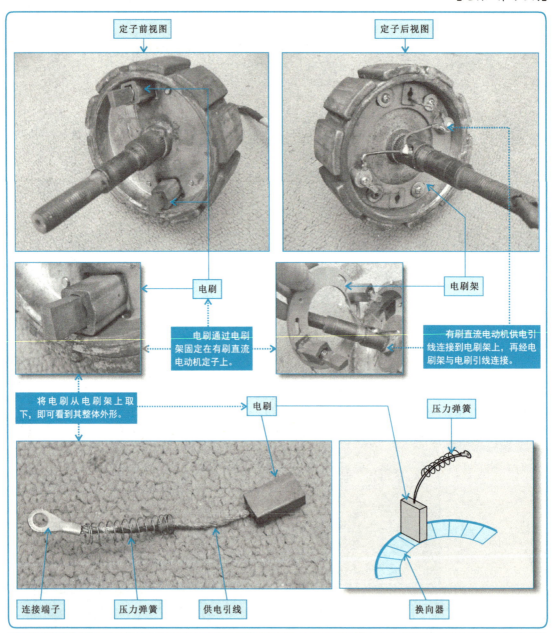

特别提醒

电动自行车有刷直流电动机中的电刷是由石墨或金属石墨组成的导电块。有刷直流电动机与控制器连接的引线直接连接在电刷上,由电刷为电动机内部绕组供电。

2. 换向器

换向器一般安装在有刷直流电动机的转子上，是一种与转子绕组相连的导电环，用于与电刷配合工作来实现电动机绕组中电流方向的变化。

【换向器的结构】

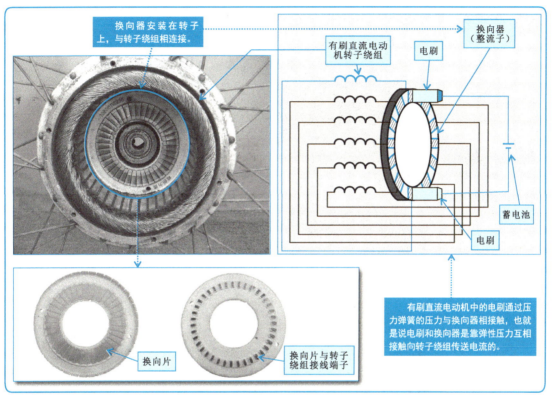

 3. 定子

有刷电动机的定子是指在电动机运转状态中固定不动的部分。它主要由电动机轴、定子永磁体（磁钢片）和衔铁等部分组成。

【定子的结构】

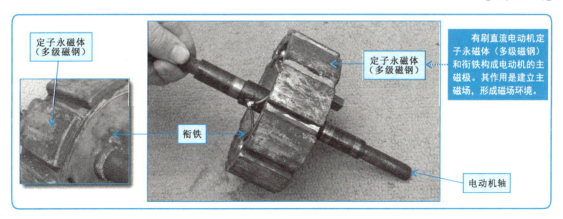

4. 转子

有刷直流电动机的转子是指电动机运转状态下能够旋转的部分。它主要由换向器、转子铁心和绕组等部分构成，通常与换向器一起与电动自行车的后轮制成一个整体。转子绕组按一定规则嵌放在转子铁心槽内。它是有刷直流电动机的电路部分，也是产生感应电动势形成电磁转矩进行能量转换的部分。

【转子的结构】

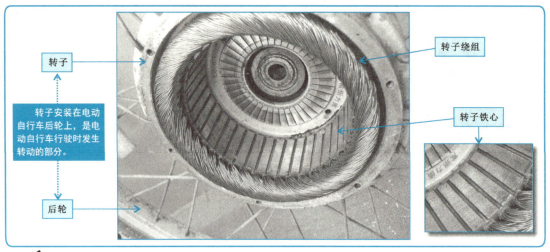

5. 轴承和两侧端盖

通常轴承位于两侧端盖中间，是支撑电动机转子旋转的关键部分。轴承是有刷直流电动机中转子与定子的支撑部件，是支撑电动自行车车轮旋转的关键部件。两侧端盖使电动机内部形成一个密封空间，防止雨水、杂物进入电动机内部。

【轴承和两侧端盖的结构】

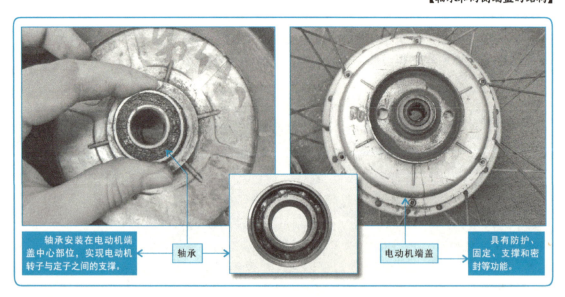

3.1.2 无刷直流电动机(转子为永磁体)的结构

无刷直流电动机是指无电刷和换向器的一类直流电动机。它的内部不包含电刷及换向器等部件,直接通过定子和转子等实现电能到机械能的转换。

【典型无刷直流电动机的内部结构】

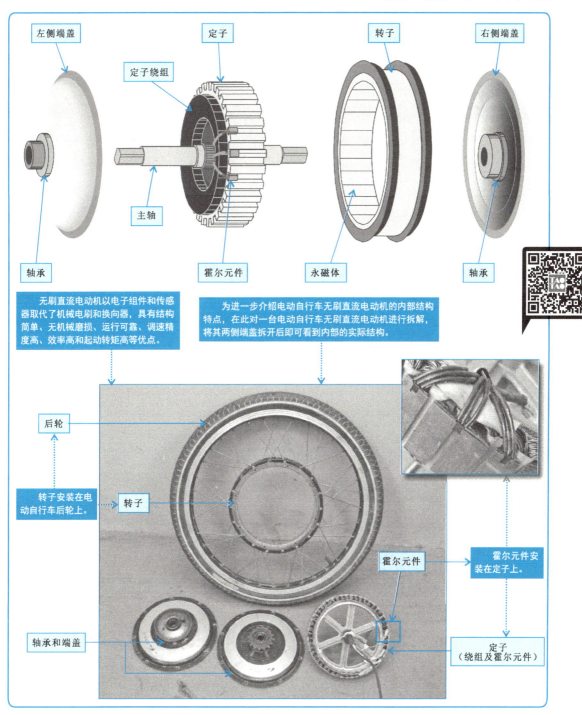

 **1. 定子**

无刷直流电动机的定子主要由电动机轴、定子铁心和定子绕组等部分组成。

【定子的结构】

- 定子绕组
- 无刷直流电动机的定子绕组一般为三相绕组结构。
- 电动机轴
- 定子铁心

特别提醒

只要绕组在磁场中有电流流过,就会受到磁场作用力而形成转矩,绕组就会绕轴转动。绕组是转动的,电源是固定的,为了给转动的绕组供电,要采用电刷和换向器的结构。

为了去掉电刷,就设法将绕组安装在不旋转的定子上,由定子产生磁场驱动转子旋转。转子由永磁体制成,这样就不需为转子供电而省去了电刷和换向器。转子磁极只有受到定子磁场的作用才能转动。

 2. 转子

无刷直流电动机中的转子部分是由永磁体制成的。

【转子的结构】

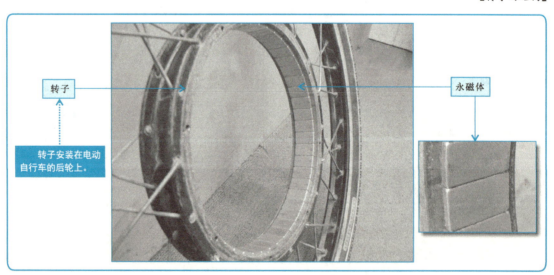

- 转子
- 转子安装在电动自行车的后轮上。
- 永磁体

3.霍尔元件

霍尔元件是电动自行车无刷直流电动机中的传感器。霍尔元件一般被固定在电动机的转子上，用于检测转子磁极的位置，以便借助于该位置信号控制定子绕组中的电流方向和相位，并驱动转子旋转。

【霍尔元件的结构特点】

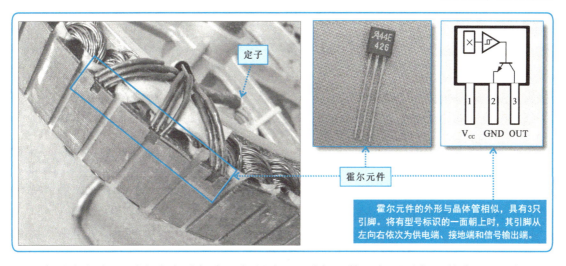

电动自行车无刷直流电动机中一般设有3只霍尔元件，每只霍尔元件有3只引脚，分别为供电端、接地端和信号输出端。在无刷直流电动机中，3只霍尔元件的供电端共用1根供电线（红），接地端共用1根接地线（黑），信号输出端分别为3根信号线（黄、绿、蓝），因此共引出5根连接线，与控制器连接。

【无刷直流电动机中霍尔元件的引脚关系】

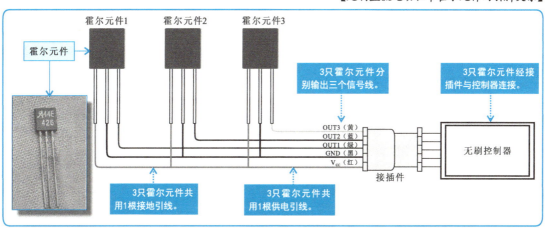

特别提醒

在无刷直流电动机中，霍尔元件的安装方式是决定无刷直流电动机相位角的关键。一般当3只霍尔元件均为有型号标识的一面向上安装时，该无刷直流电动机相位角为60°；若3只霍尔元件中间的一只型号标识面向下，其他2只霍尔元件型号标识面向上，则该无刷直流电动机相位角为120°。

另外，在不对电动机进行拆解时，可通过电动机的运转状态判断其相位角，即拔掉（断开）霍尔插头，然后打开电源锁，缓慢拧动转把，若电动机有动静，则表示为60°相位角的电动机；若一点动静也没有，则表示为120°相位角的电动机。

3.2 电动自行车电动机的工作原理

电动机是电动自行车的核心部件。它通过内部电气部件构成一定的电磁关系将电能转换为机械能,最终实现电动自行车电力骑行的功能。因此,理清电动机的工作原理是维修电动自行车电动机必备的知识技能。电动自行车有刷直流电动机和无刷直流电动机的功能相同,但工作原理却不同,下面就分别介绍这两种电动机的工作原理。

3.2.1 有刷直流电动机的工作原理

有刷直流电动机工作时,转子绕组和换向器旋转,定子永磁体及电刷不旋转,转子绕组中的电流是电刷与换向器靠压力弹簧的压力(或靠接)互相接触而进行传送的;转子绕组电流方向的交替变化是由电动机转动的换向器以及与其相关的电刷而实现的。

【有刷直流电动机主要部件的关系】

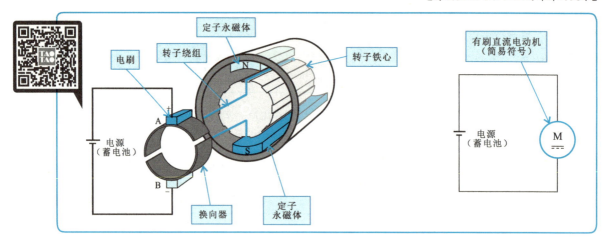

【有刷直流电动机接通电源一瞬间的工作过程】

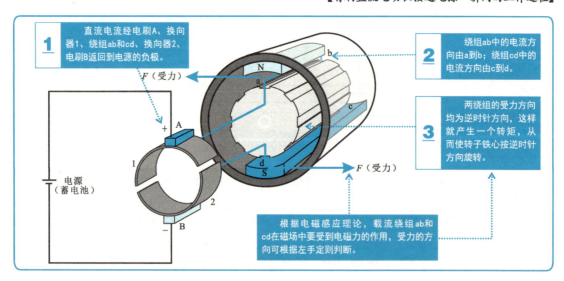

当有刷直流电动机转子转到90°时，两个绕组处于磁场物理中性面上，且电刷不与换向器接触，绕组中没有电流流过，$F=0$，转矩消失。

【有刷直流电动机转子转到90°时的工作过程】

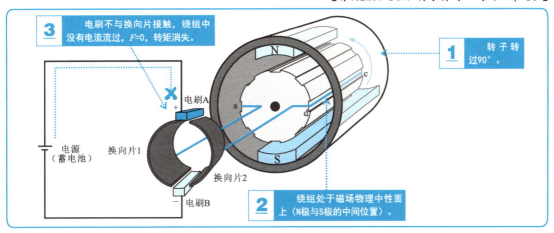

旋转的过程：由于机械惯性的作用，转子将冲过90°物理中性面继续转动，换向片2与电刷A相接，换向片1与电刷B相接，并朝180°方向转动，这时绕组中又有电流流过，此时直流电流经电刷A、换向片2，绕组dc和ba、换向片1、电刷B返回到电源的负极。

【有刷直流电动机转子接近180°时的工作过程】

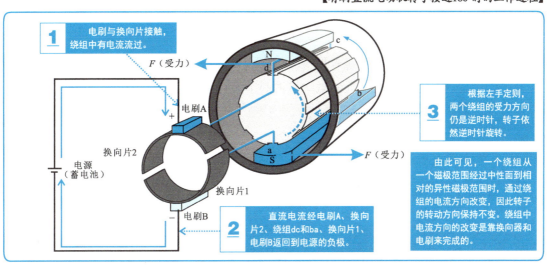

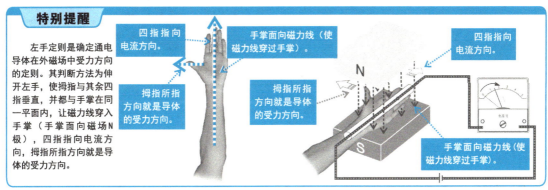

3.2.2 无刷直流电动机的工作原理

无刷直流电动机的转子由永磁体构成。它的圆周上设有多对磁钢（即磁极N、S）。绕组绕制在定子上，当接通直流电源后，电源为定子绕组供电，磁钢受到定子磁场的作用而产生转矩并旋转。

【无刷直流电动机的转动原理示意图】

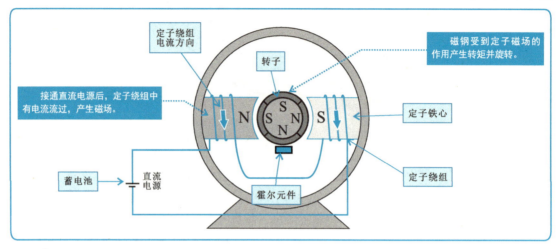

1. 霍尔元件的工作原理

无刷直流电动机定子绕组只有根据转子磁钢的磁极方位切换其中的电流方向，才能使转子连续旋转，因此在无刷直流电动机内必须设置一个确定转子磁钢磁极位置的传感器，这种传感器通常采用霍尔元件。

【无刷直流电动机中霍尔元件的工作过程】

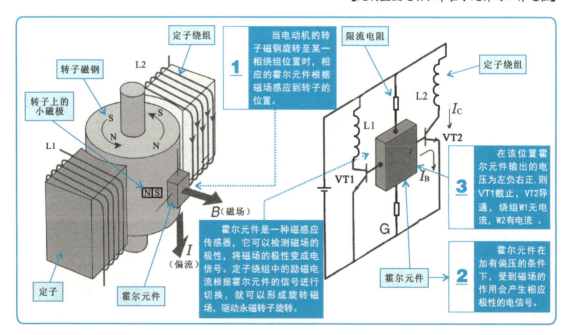

2. 无刷直流电动机的转动过程

霍尔元件安装在无刷直流电动机靠近转子磁极的位置，输出端分别加到两个晶体管的基极，用于输出极性相反的电压，控制晶体管导通与截止，从而控制定子绕组中的电流，使定子绕组产生磁场，吸引转子连续运转。

【无刷直流电动机的转动过程】

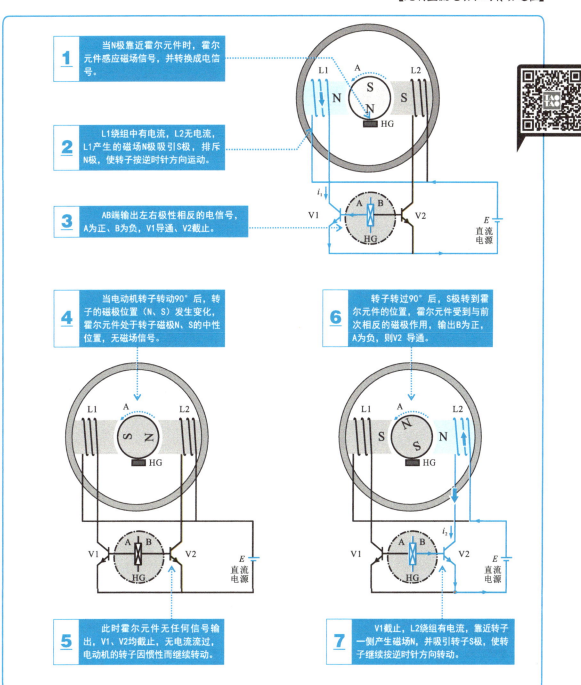

3.3 电动自行车电动机的检修方法

不同类型的电动机,其检修方法有所不同,下面分别以有刷直流电动机和无刷直流电动机为例进行介绍。

▶ 3.3.1 有刷直流电动机的检修方法

有刷直流电动机的内部主要由电刷、换向器、轴承、定子永磁体和转子绕组等部分构成。对该类电动机进行检修时,重点是对这些部件进行检测。

1. 有刷直流电动机内短路或断路故障的判断方法

由于有刷直流电动机的连接引线从电动机引出后需要弯曲近90°,才能引入车体中部与控制器相连接,因此应重点检查弯曲部分有无短路或断路情况,引线内部所连接的电刷、换向器及转子绕组有无断路故障等。一般可用万用表检测有刷直流电动机两根引出线之间的电阻值,根据检测结果进行判断。

【有刷直流电动机内部短路或断路故障的判断方法】

特别提醒

正常情况下,有刷直流电动机连接引线之间应有几欧姆的电阻值。若在改变引线状态时发现万用表测量的电阻值有明显变化,则一般说明引线中可能存在短路或断路故障,应更换引线或将引线重新连接好;若电阻值趋于无穷大,则说明电动机连接引线线路中可能存在断路故障。

2. 有刷直流电动机中电刷和电刷架的检修方法

在对有刷直流电动机连接引线间的电阻值进行检测后，若怀疑有刷直流电动机电刷或电刷架异常，则需要对有刷直流电动机进行拆卸，并找到电刷及电刷架，进行直观检查和判断。

【有刷直流电动机中电刷和电刷架的检修方法】

检查电刷架有无变形、损伤，若有损坏，则应使用螺钉旋具将电刷架固定螺钉拧下，拆卸电刷架。

用新的电刷架进行替换。

如果电刷上有明显裂痕或磨损严重的现象，均需要更换电刷。

检查电刷是否有磨损或断裂的现象。

将电刷从电动机定子上拆下。

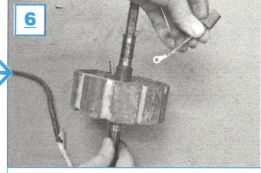

将完好的电刷重新安装到电动机定子上。

特别提醒

对于电刷架，主要是检查其有无明显变形或磨损现象，若有明显变形或磨损，则应进行更换。对于电刷部分，主要是检查其有无磨损严重或明显损坏现象，若磨损严重或有明显损坏，则应用同型号的电刷进行更换。

值得注意的是，若经检查发现电刷损坏严重，则对电刷进行更换后，需要首先对其进行空载磨合，增大电刷与换向器的接触面积，以保证带负载时进行良好的换向。

3. 有刷直流电动机中换向器和转子绕组的检修方法

换向器和转子绕组是有刷直流电动机重要的组成部件，通常采用直接观察法、打磨法进行判断和修复。

【有刷直流电动机中换向器和转子绕组的检修方法】

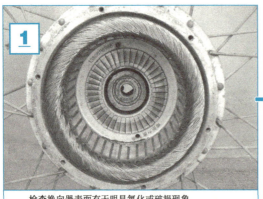
1 检查换向器表面有无明显氧化或破损现象。

2 若换向器氧化，通常可使用砂纸对换向器表面进行打磨。

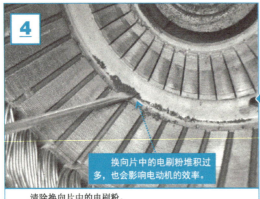
4 清除换向片中的电刷粉。
（换向片中的电刷粉堆积过多，也会影响电动机的效率。）

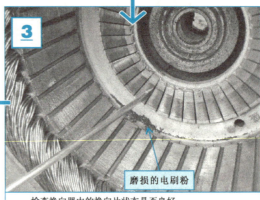
3 检查换向器中的换向片状态是否良好。
（磨损的电刷粉）

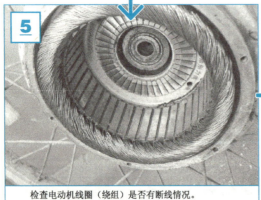
5 检查电动机线圈（绕组）是否有断线情况。

6 一两个线圈断开时并不影响运行，但速度和驱动力会下降，性能不稳。随着断开的线圈增多，电动机便无法起动。

特别提醒

值得注意的是，由于电动机进水等原因，可能会引起电动机内部元器件发生氧化。换向器氧化通常会引起换向器与电刷接触不良，使电动机无法正常工作。

4. 有刷直流电动机中轴承和定子永磁体的检修方法

对于轴承和定子永磁体等机械部件，一般通过外观对其进行检查，然后根据具体检查结果采取适当措施进行补救或修复。

【有刷直流电动机轴承的检查方法】

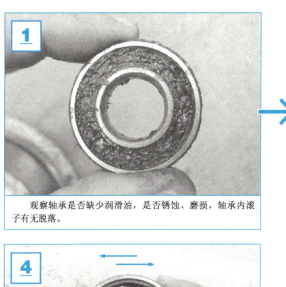

1. 观察轴承是否缺少润滑油，是否锈蚀、磨损，轴承内滚子有无脱落。

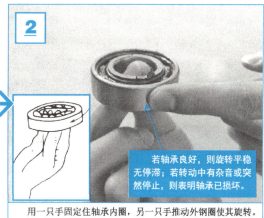

2. 用一只手固定住轴承内圈，另一只手推动外钢圈使其旋转。若轴承良好，则旋转平稳无停滞；若转动中有杂音或突然停止，则表明轴承已损坏。

3. 单手握住轴承前后晃动，检查有无较大或明显的撞击声。如果有较大或明显的撞击声，则说明此轴承有可能已损坏。

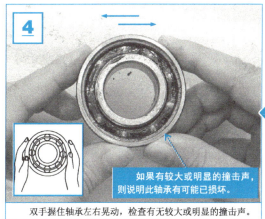

4. 双手握住轴承左右晃动，检查有无较大或明显的撞击声。如果有较大或明显的撞击声，则说明此轴承有可能已损坏。

【有刷直流电动机轴承的重新润滑】

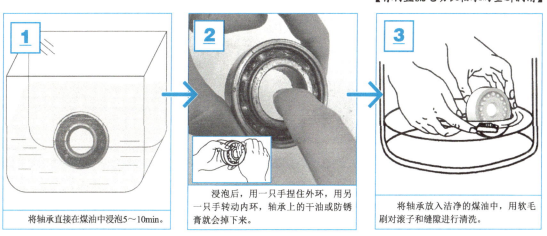

1. 将轴承直接在煤油中浸泡5~10min。

2. 浸泡后，用一只手捏住外环，用另一只手转动内环，轴承上的干油或防锈膏就会掉下来。

3. 将轴承放入洁净的煤油中，用软毛刷对滚子和缝隙进行清洗。

3.3.2 无刷直流电动机的检修方法

在对无刷直流电动机进行检修前,应对电动机外部进行检查。例如,通过检测无刷直流电动机三相绕组连接引线之间的电阻值,判断绕组有无短路或断路故障;通过检测无刷直流电动机霍尔元件连接引线之间的电阻值,判断霍尔元件的好坏;通过检测空载电流判断内部电气部件的工作状态。在确定无刷直流电动机内部有故障后,再对其进行拆解,对内部转子永磁体、定子磁铁等机械部件进行检修,或对损坏的霍尔元件进行更换。

1. 无刷直流电动机定子绕组的检测方法

一般无刷直流电动机的连接引线有8根,其中电动机的定子绕组有3根线,即黄色、蓝色和绿色3根较粗的引线,用于引入三相驱动信号。可通过检测这3根绕组引线两两间的电阻值,来判断定子绕组有无短路或断路故障。

【无刷直流电动机定子绕组的检测方法】

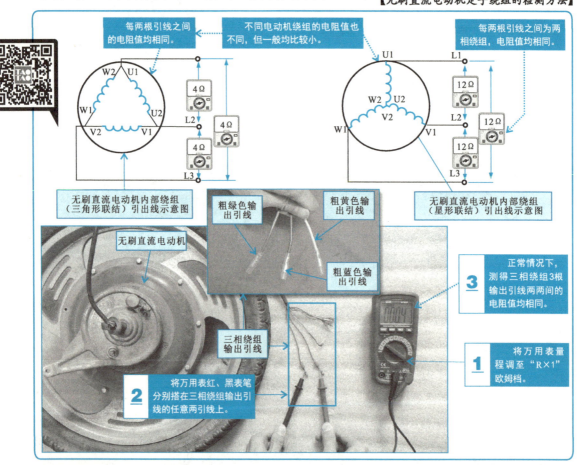

特别提醒

正常情况下,无刷直流电动机定子绕组3根引线两两间的电阻值应该相同,若测得电阻值不一致,则定子绕组间可能存在短路或断路故障。根据维修经验,判断无刷直流电动机绕组有无故障时,在3相相线悬空的情况下,用手空转电动机时应无阻力,在任意两根相线短路时,电动机应有明显间断阻力,且阻力一致,则电动机绕组正常。

2. 无刷直流电动机霍尔元件的检测方法

无刷直流电动机霍尔元件是该类电动机的检修重点。霍尔元件作为电动机的位置传感器，直接决定了电动机的运转状态，若霍尔元件损坏，则电动机将无法正常工作。

霍尔元件的好坏，一般可通过万用表检测霍尔元件信号线与接地线之间正反向电阻值的方法进行判断。

【无刷直流电动机霍尔元件的输出引线】

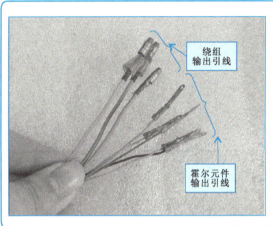
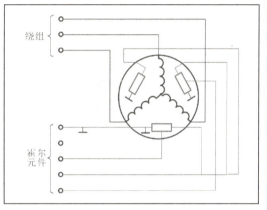

【无刷直流电动机霍尔元件的检测方法】

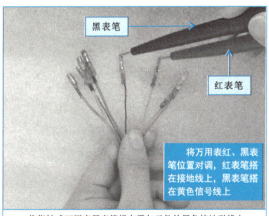

将指针式万用表黑表笔搭在霍尔元件的黑色接地引线上，红表笔搭在黄色信号引线上（以黄色信号引线为例）。

正常情况下，当黑表笔接地时，测得霍尔元件信号端的电阻值为7.5kΩ，红表笔接地时，测得电阻值为无穷大。

特别提醒

正常情况下，无刷直流电动机中3只霍尔元件的信号端（黄、蓝、绿引线）的正向对地电阻值均为7.5 kΩ，反向对地电阻值均为无穷大。若实测电阻值异常，则说明霍尔元件损坏，应对其进行更换。

无刷直流电动机中3只霍尔元件信号端的正向对地电阻值应完全相同，任何一个不同，都可能使相对应的霍尔传感器异常，应进行更换，并且只要更换霍尔元件，不论是否全部损坏，都必须同时更换。

除此之外，还可以采用其他方法判断霍尔元件的好坏：在通电状态下，用万用表电压档检测霍尔元件各信号线的电压。一般将万用表黑表笔接地，红表笔接霍尔元件信号线，拨动后轮使其旋转时，信号电压应有一定的变化，一般在0～5V（有些为0～6.25 V或0～4.5 V）之间变化，若电压值保持在0 V或5 V不变，则该信号线对应的霍尔元件可能已经损坏。

另外，在断电状态下，也可用万用表二极管档检测霍尔元件黑色线与红、黄、绿、蓝4根线之间有无短路故障。

在无刷直流电动机维修过程中,代换霍尔元件是维修人员应掌握的一项基本技能。该操作需要对电动机进行拆卸和重装,需具备一定的操作技能。

【无刷直流电动机霍尔元件的代换方法】

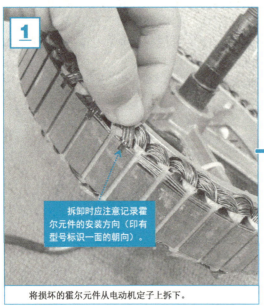

拆卸时应注意记录霍尔元件的安装方向(印有型号标识一面的朝向)。

将损坏的霍尔元件从电动机定子上拆下。

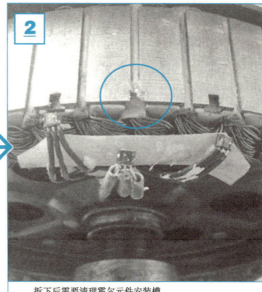

拆下后需要清理霍尔元件安装槽。

选择同型号的3只新霍尔元件准备代换。

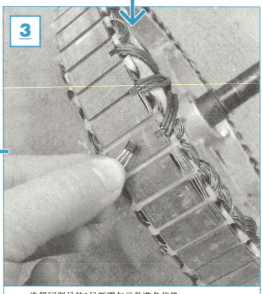

焊接完成后,将霍尔元件用绝缘胶固定牢固。

特别提醒

代换霍尔元件时需要注意:
- 代换用的3只霍尔元件的型号应完全相同,不能混合搭配。
- 代换用的霍尔元件的安装方式应与原霍尔元件相同,若原霍尔元件型号标识面向上,则代换用的霍尔元件型号标识面也应向上(保持电动机相位角相同)。
- 代换过程中,用电烙铁焊接霍尔元件的时间不能超过35s,否则可能烧毁霍尔元件。
- 将霍尔元件牢固地粘在电动机定子上后,其引脚部分需要垫好绝缘纸,以防霍尔元件引脚与定子绕组接触。

3. 无刷直流电动机空载电流的检测方法

无刷直流电动机的空载电流是指在无任何负载状态下的允许电流值。通过检测无刷直流电动机的实际空载电流值，并与正常值比较，也可以判断无刷直流电动机的好坏。

无刷直流电动机的空载电流可借助万用表进行检测，即将万用表置于电流档上，并将其串接在蓄电池供电电路中。

【无刷直流电动机空载电流的检测方法】

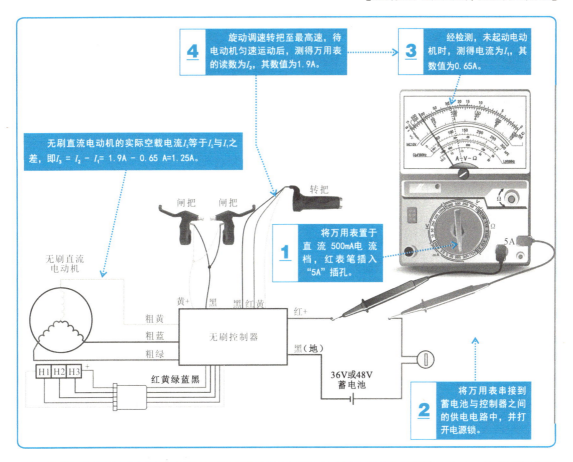

4 旋动调速转把至最高速，待电动机匀速运动后，测得万用表的读数为I_2，其数值为1.9A。

3 经检测，未起动电动机时，测得电流为I_1，其数值为0.65A。

无刷直流电动机的实际空载电流I_3等于I_2与I_1之差，即$I_3 = I_2 - I_1 = 1.9 - 0.65$ A=1.25A。

1 将万用表置于直流500mA电流档，红表笔插入"5A"插孔。

2 将万用表串接到蓄电池与控制器之间的供电电路中，并打开电源锁。

特别提醒

一般不同机型和不同设计结构的电动机的最大空载电流也不同，具体见下表。将检测结果与该表格中的参考值进行比较可知，当实测空载电流大于参考最大空载电流时，表明电动机有故障。

当无刷直流电动机实测空载电流大于参考最大空载电流时，表明无刷直流电动机有故障。通常，引起无刷直流电动机空载电流过大的原因主要是电动机个别线圈短路或磁铁、换向器、电刷磨损严重等，重点检查易发生上述故障的部件，更换损坏部件或整个无刷直流电动机即可排除故障。

电动机类型	额定电压为36 V	额定电压为48 V	电动机类型	额定电压为36 V	额定电压为48 V
有刷低速电动机	0.6 A	0.4 A	无刷低速电动机	0.6 A	0.4 A
有刷高速电动机	1.0 A	0.6 A	无刷高速电动机	1.0 A	0.6 A

4. 无刷直流电动机定子和转子的检修方法

无刷直流电动机内部转子和定子损坏的概率较低,大多时候可能因无刷直流电动机进水造成定子铁心和转子磁钢锈蚀或脱落,从而造成无刷直流电动机无法工作,一般需要对定子铁心和转子磁钢进行打磨、润滑或更换等。

【无刷直流电动机定子和转子的检修方法】

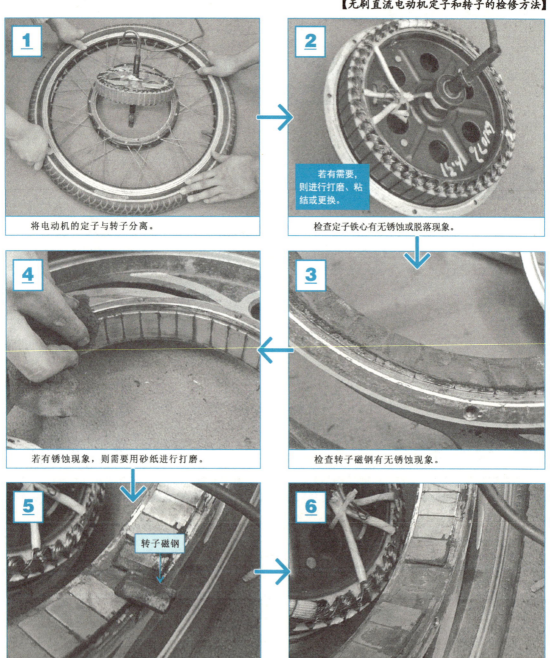

3.4 电动自行车电动机的代换

当电动自行车电动机出现无法修复的故障时，就需要使用同型号或参数相同的电动机进行代换。

通常，电动自行车的代换操作主要可分为三大步骤：一是寻找可代替的电动机，二是代换电动机，三是通电试机。

3.4.1 寻找可代替的电动机

当电动机损坏且无法修复时，就需要根据损坏电动机的类型、额定电压以及电动自行车后轮体积等规格参数选择适合的电动机进行代换。

1. 电动机类型的选择

对电动自行车的电动机进行整体更换时，电动机类型的匹配尤为重要。电动自行车中使用的电动机主要有有刷直流电动机和无刷直流电动机两种，代换时应进行区分，即有刷直流电动机应使用有刷直流电动机进行代换，无刷直流电动机应使用无刷直流电动机进行代换。

【通过连接引线区分有刷直流电动机和无刷直流电动机】

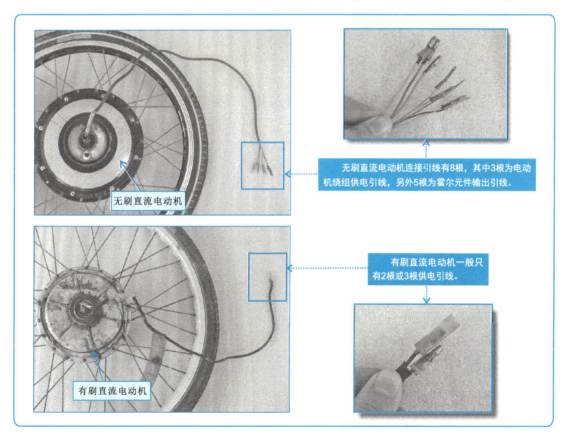

【通过拨动后轮时的用力情况区分有刷直流电动机和无刷直流电动机】

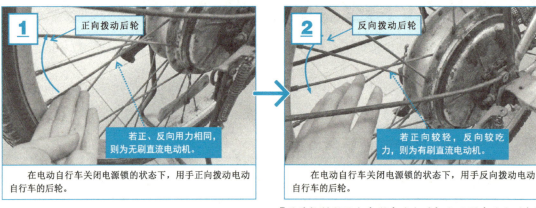

【通过控制器区分有刷直流电动机和无刷直流电动机】

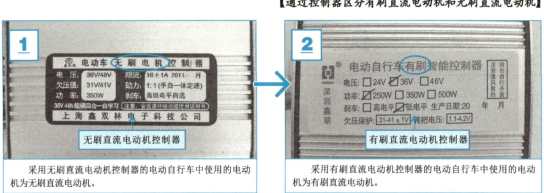

2. 电动机额定电压的选择

由于电动自行车常用的蓄电池分为36 V和48 V两种，因此在代换电动机时，也要区分电动机的额定电压，即额定电压为36 V的电动机只能使用36 V的电动机进行代换，额定电压为48 V的电动机只能使用48 V的电动机进行代换。

【通过钢印标识区分电动机额定电压】

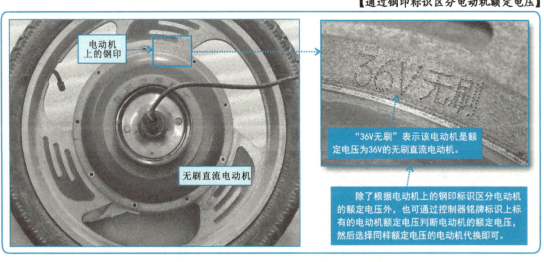

3. 后轮大小的选择

即使电动自行车采用的电动机类型及额定电压均相同，但电动自行车品牌型号不同，后轮的大小也会存在差异。因此，在选配电动机的过程中，后轮大小也是选配的重要依据之一，应选择同样大小的后轮进行代换。

3.4.2 代换电动机

根据上述选配方法选配完电动机后，即可将新的电动机连同后轮一起安装到损坏的电动自行车上，并将连接线与控制器进行连接。

【代换电动机】

将选配的新电动机及后轮一同安装到损坏的电动自行车原后轮安装位置处。

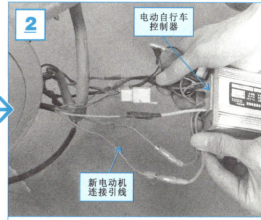

将选配的新电动机连接引线与电动自行车控制器进行连接。

3.4.3 通电试机

电动机代换完成后，将电动自行车车梯支起，打开电源锁，转动转把，后轮（电动机）转动正常，故障排除。

【通电试机】

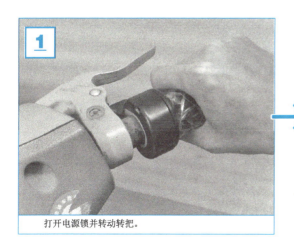

打开电源锁并转动转把。

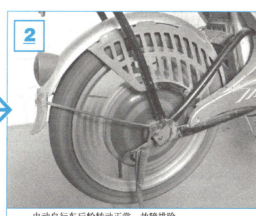

电动自行车后轮转动正常，故障排除。

第4章
电动自行车控制器的功能特点与检修方法

4.1 电动自行车控制器的种类与功能特点

4.1.1 电动自行车控制器的种类

控制器是电动自行车行驶的控制核心。电动自行车的起动、运行、变速、定速和停止等工作状态均是由控制器进行控制的。目前，市场上控制器的种类繁多，通常可根据其控制的电动机类型进行分类。

【控制器的种类】

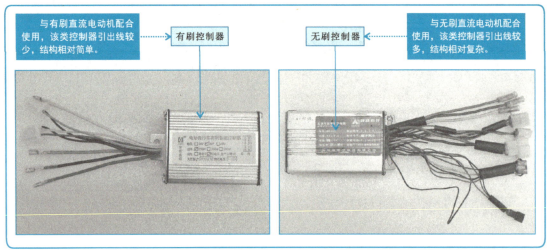

特别提醒

控制器是电动自行车中的主要电气部件之一，一般位于电动自行车脚踏板下部或后座下部。

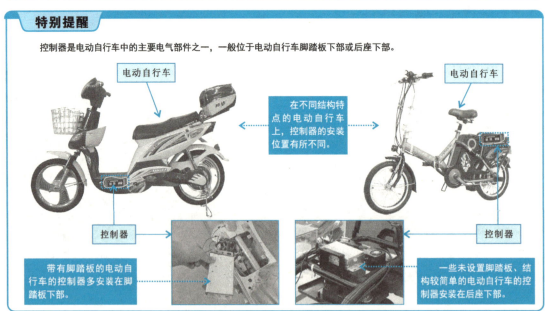

4.1.2 电动自行车控制器的功能特点

控制器是电动自行车电气系统的核心部分,主要用于控制电动机的工作状态、对电动自行车进行限速保护、对蓄电池进行欠电压保护和控制仪表盘的显示状态等。

【控制器的基本功能(控制电动机的工作状态)】

控制器在满足基本供电条件下,根据转把送入的调速信号输出电动机控制信号,实现电动自行车基本的电力起动、运转和变速等功能。

特别提醒

当转动转把时,根据旋转角度的不同,将不同的控制信号送入控制器(控制电路)中,再由控制器根据检测到的控制信号改变PWM电路的输出脉冲宽度,从而实现对电动机转速的控制。

当转把保持原始位置时,则没有信号的输入。控制器在没有检测到有信号输入的情况下无输出,电动机不会运转,从而使电动自行车停止加速。

【控制器的限速保护功能】

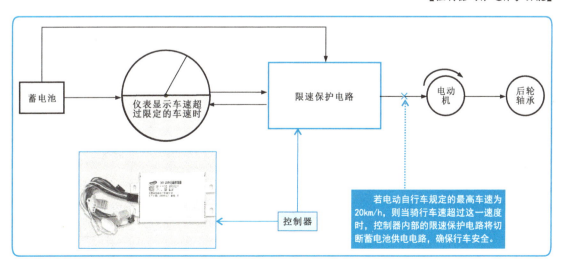

若电动自行车规定的最高车速为20km/h,则当骑行车速超过这一速度时,控制器内部的限速保护电路将切断蓄电池供电电路,确保行车安全。

4.2 电动自行车控制器的连接关系

4.2.1 有刷直流电动机控制器的连接关系

有刷直流电动机控制器通过连接引线与车体上的其他部分相连接。通常与之直接连接的部件主要有电动机、转把、闸把和蓄电池等。

【典型有刷直流电动机控制器的接线】

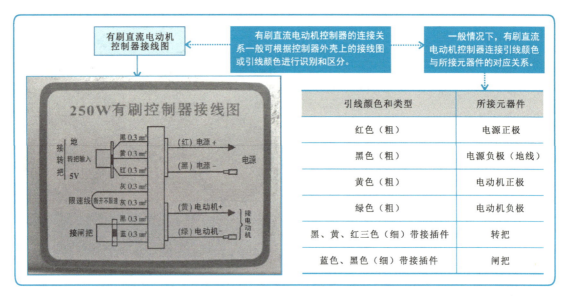

引线颜色和类型	所接元器件
红色（粗）	电源正极
黑色（粗）	电源负极（地线）
黄色（粗）	电动机正极
绿色（粗）	电动机负极
黑、黄、红三色（细）带接插件	转把
蓝、黑色（细）带接插件	闸把

【典型有刷直流电动机控制器的连接关系】

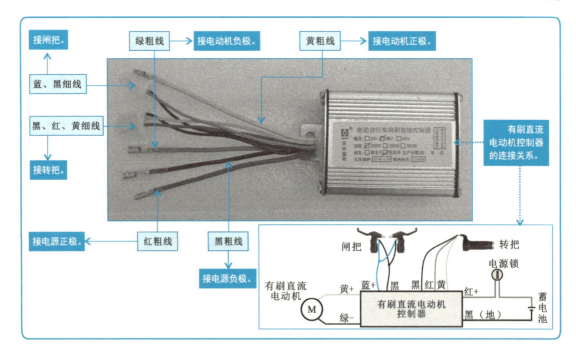

▶ 4.2.2 无刷直流电动机控制器的连接关系

无刷直流电动机控制器通过连接引线与车体上的其他部分相连接，其连接引线的数量相对于有刷直流电动机控制器来说较多。通常与之直接连接的部件主要有电动机、转把、闸把、蓄电池、车灯等。

【典型无刷直流电动机控制器连接引线颜色与所接元器件的对应关系】

引线颜色和类型	所接元器件	引线颜色和类型	所接元器件
红色（粗）	电源正极	红（细）扁插头B-1	转把电源
黑色（粗）	电源负极(地线)	黑（细）扁插头B-2	转把地线
蓝色（粗）	电动机绕组V相	黄（细）扁插头B-3	转把信号线
黄色（粗）	电动机绕组U相	白色（细）	限速开关
绿色（粗）	电动机绕组W相	白色（细）	限速开关
红色（细）扁插头A-1	电动机霍尔元件供电正极	黄色（细）	制动信号
黄色（细）扁插头A-2	电动机霍尔元件输出	黑色（细）	制动地线
绿色（细）扁插头A-3	电动机霍尔元件输出	绿色（细）	速度指示信号
蓝色（细）扁插头A-4	电动机霍尔元件输出	—	—
黑色（粗）扁插头A-5	电动机霍尔元件供电负极	—	—

> **特别提醒**
> 不同型号的无刷直流电动机控制器引线颜色所代表的含义很相近，但也不完全相同，一般可参照控制器外壳上的控制器接线图或控制器说明书进行识别。

【典型无刷直流电动机控制器的连接关系】

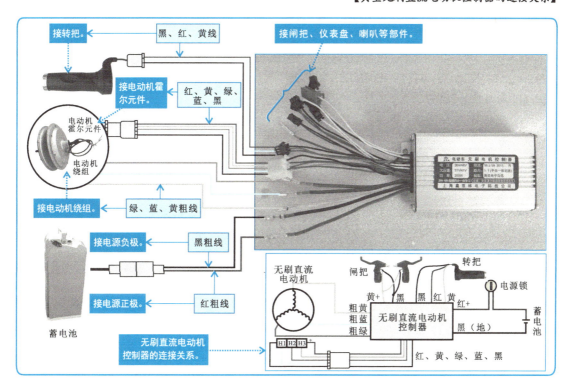

4.3 电动自行车控制器的结构与工作原理

4.3.1 有刷直流电动机控制器的结构与工作原理

1. 有刷直流电动机控制器的结构

有刷直流电动机控制器是专门与有刷直流电动机配合使用的一类控制器。其结构相对简单,拆开有刷直流电动机控制器金属盒即可看到其内部结构。

【有刷直流电动机控制器的结构】

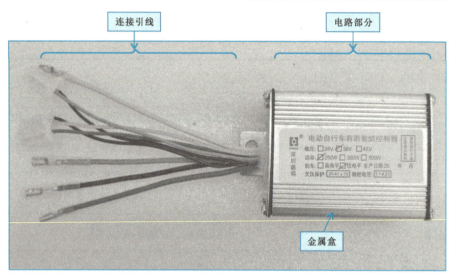

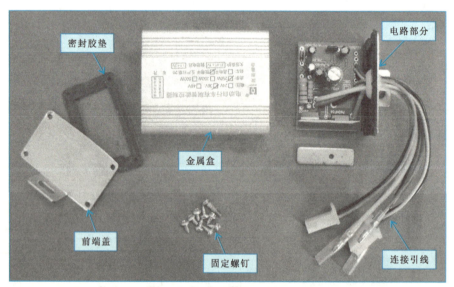

【有刷直流电动机控制器的电路结构】

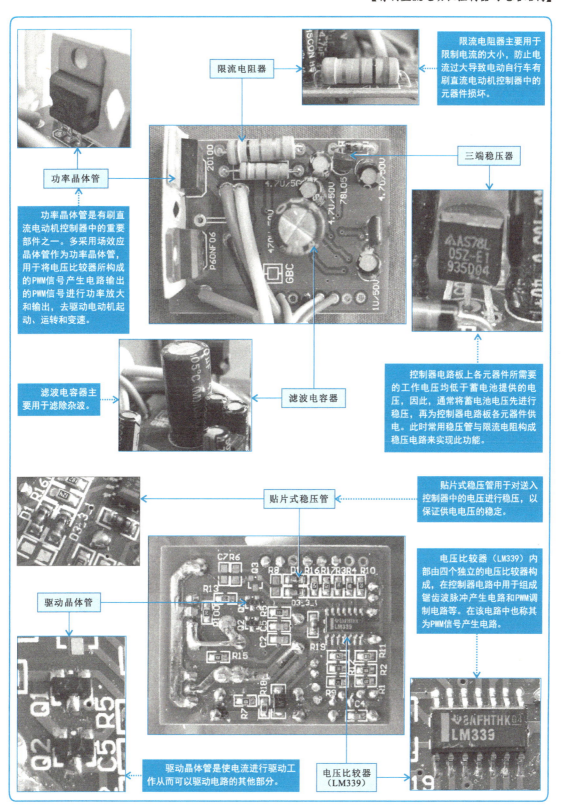

2. 有刷直流电动机控制器的工作原理

有刷直流电动机控制器是电动自行车中非常关键的组成部件之一。它通过连接引线与蓄电池、转把、闸把及有刷直流电动机进行连接，通过内部电路实现对电动自行车行驶状态的控制。

【有刷直流电动机控制器的工作原理】

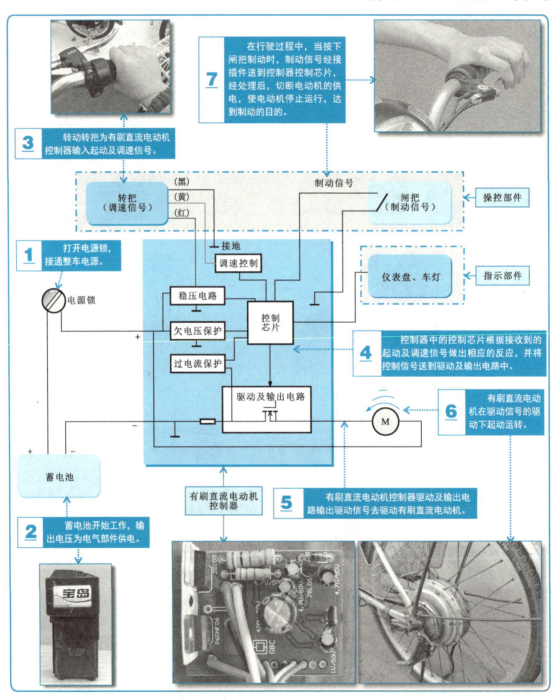

【采用MC33035芯片的有刷直流电动机控制器电路分析】

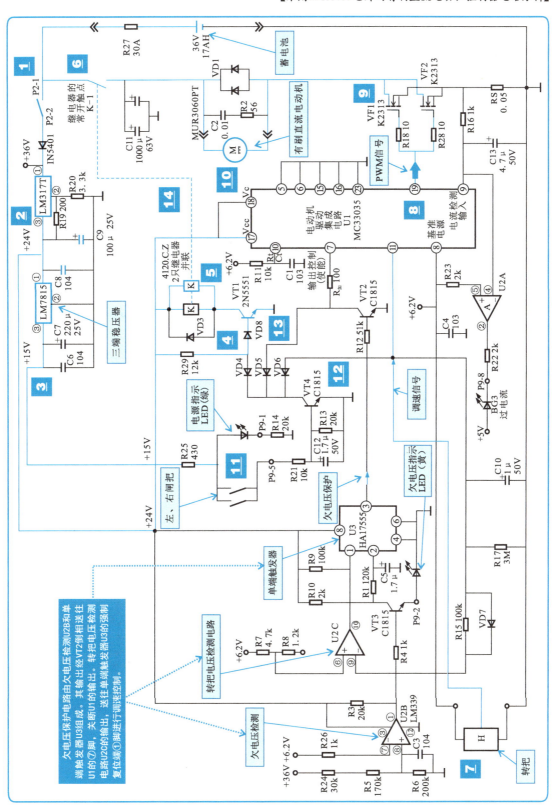

【采用MC33035芯片的有刷直流电动机控制器电路分析（续）】

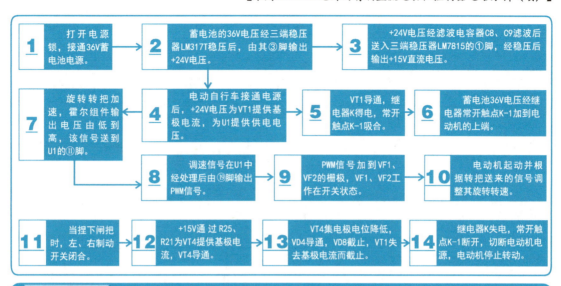

特别提醒

上述电路中只使用了MC33035中的部分功能，该芯片可用在不同功能的电路中。下图为MC33035芯片的内部结构及控制关系简图，可以实现电动机的双向驱动功能。

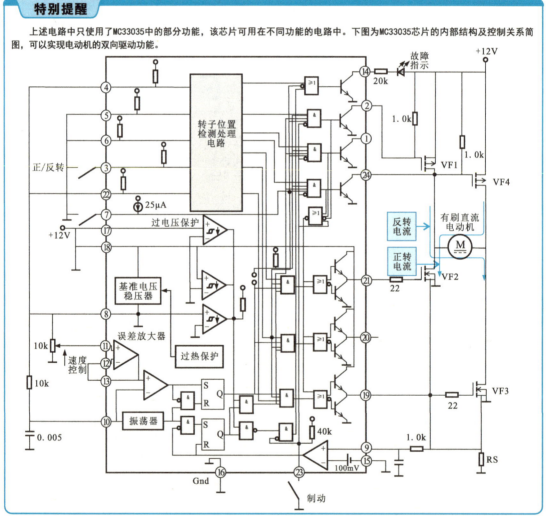

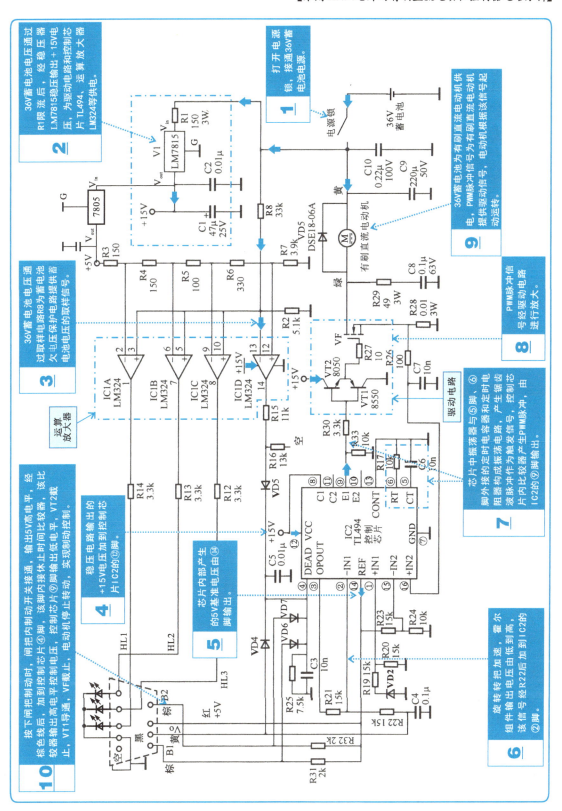

特别提醒

TL494芯片的内部由基准电压发生器、振荡器、误差放大器、双稳态触发器和比较器等构成。该芯片内的振荡器可以以主动振荡的方式进行工作，也可以在同步信号触发的状态下进行工作；驱动输出电路可以在双端输出状态下进行工作，也可以在单端输出状态下进行工作。

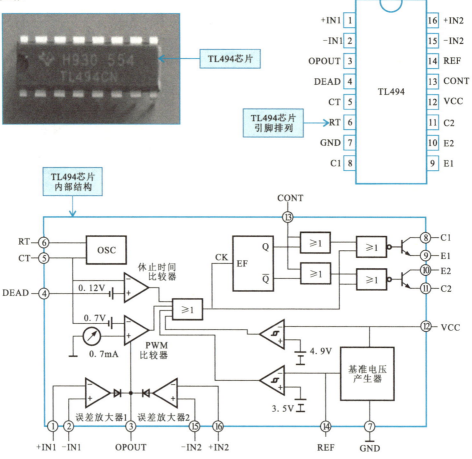

引脚号	名称	功能	引脚号	名称	功能
①	+IN1	误差放大器1同相输入	⑨	E1	驱动晶体管VT1的发射极（e）
②	-IN1	误差放大器1反相输入	⑩	E2	驱动晶体管VT2的发射极（e）
③	OPOUT	误差放大器输出	⑪	C2	驱动晶体管VT2的集电极（c）
④	DEAD	休止期控制信号输入	⑫	VCC	电源
⑤	CT	振荡器外接定时电容	⑬	CONT	励磁脉冲输出方式控制（L为单端输出；H为双端输出）
⑥	RT	振荡器外接定时电阻	⑭	REF	5V基准电压输出
⑦	GND	接地	⑮	-IN2	误差放大器2反相输入
⑧	C1	驱动晶体管VT1的集电极（c）	⑯	+IN2	误差放大器2同相输入

4.3.2 无刷直流电动机控制器的结构与工作原理

1. 无刷直流电动机控制器的结构

无刷直流电动机控制器是专门与无刷直流电动机配合使用的一类控制器。其结构较有刷直流电动机控制器来说要复杂，拆开无刷直流电动机控制器金属盒即可看到其内部结构。

【无刷直流电动机控制器的结构】

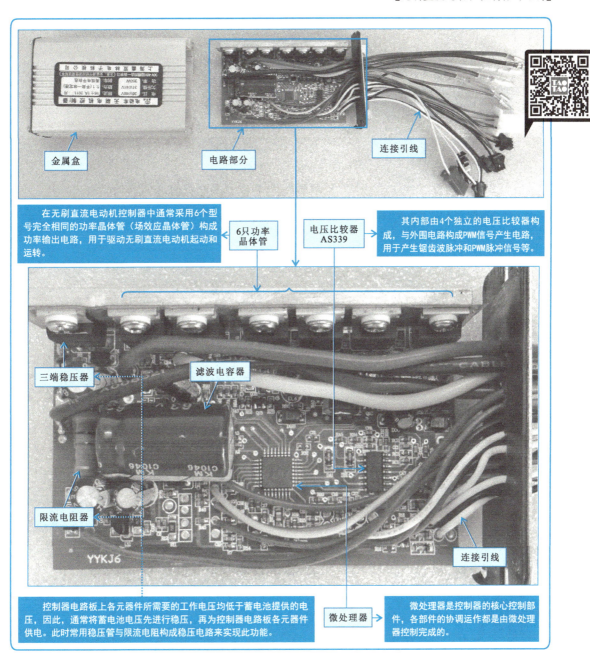

2. 无刷直流电动机控制器的工作原理

无刷直流电动机控制器是电动自行车中非常关键的组成部件之一。它通过连接引线与蓄电池、转把、闸把及无刷直流电动机进行连接，通过内部电路实现对电动自行车行驶状态的控制。

【无刷直流电动机控制器的工作原理】

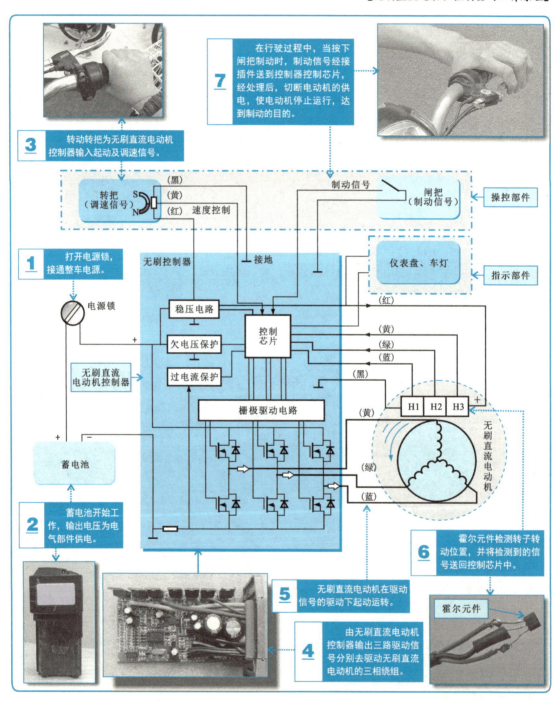

由控制芯片LB1820S、IR2103、LM358和CD4069构成的无刷直流电动机控制器电路分析

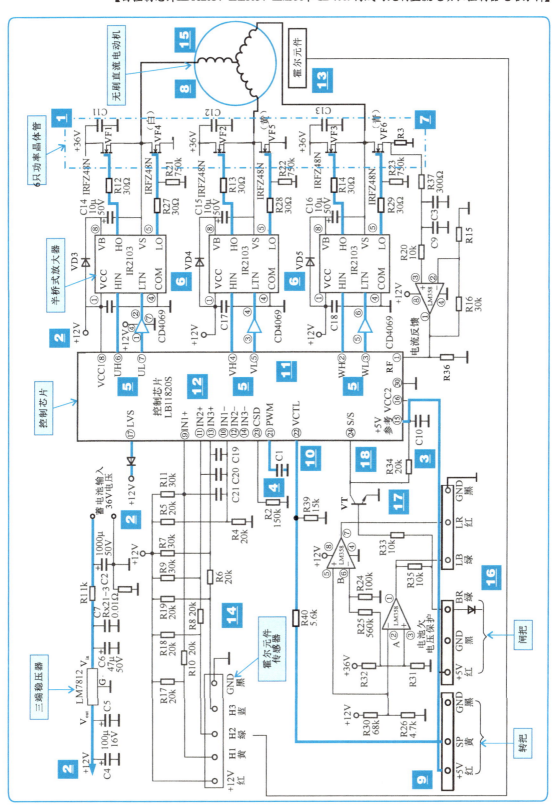

【由控制芯片LB11820S、IR2103、LM358和CD4069构成的无刷直流电动机控制器电路分析（续）】

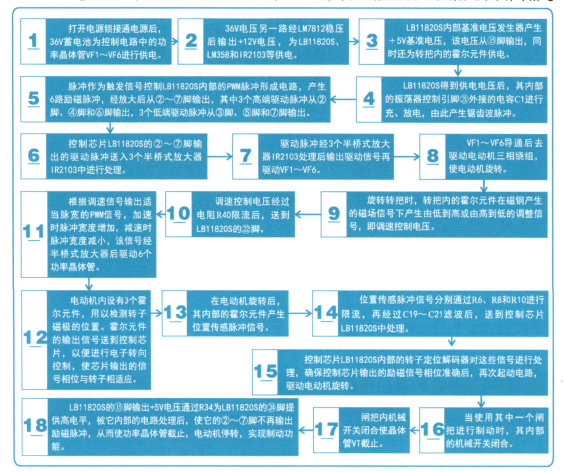

特别提醒

◆欠电压保护电路

在电动自行车使用过程中，为了防止蓄电池过放电，该控制电路中的运算放大器LM358，取样电阻R30、R26、R32、R31和控制芯片LB11820S等组成了欠电压保护电路。

当蓄电池的36V电压充足时，电压比较器LM358（A）中的③脚电压高于②脚的电压，经过内部的电压比较后，①脚输出高电平，通过R35、R33后输入到晶体管VT导通，控制芯片LB11820S的⑮脚变为低电平，芯片LB11820S检测后执行正常操作，驱动功率晶体管工作，同时，通过电压比较器LM358（A）中的①脚输出的另一路通过接插件为绿色发光二极管供电，使其发光，表明蓄电池的电量充足。电压比较器LM358（B）中的⑤脚电位低于⑥脚的电位，其⑦脚输出低电平，红色发光二极管不能发光。

当蓄电池内的电压低于31.5V时，其中一路经取样电阻R32和R31后输出的电压送于电压比较器LM358（A）中的③脚，+12V电压经取样电阻R30和R26后输出的电压送于电压比较器LM358（A）中的②脚，此时③脚的电压低于②脚的电压，经过内部的电压比较后，①脚输出低电平，从而使VT截止，并且绿色发光二极管熄灭。在VT截止后，控制芯片LB11820S中的⑮脚输出电压通过R34为其㉔脚提高电平，芯片LB11820S检测到，则不能输出励磁脉冲，功率晶体管停止工作，从而导致电动机停止转动。另一路则分别送入电压比较器LM358（B）的⑤脚和⑥脚，由于蓄电池内的电量过低，所以⑥脚的电位低于⑤脚的电位，其⑦脚输出高电平，通过接插件为红色发光二极管进行供电，使其发光，表明蓄电池处于欠电压状态。

◆过电流保护电路

控制芯片LB1180S、运算放大器LM358和电阻器R3构成了过电流保护电路。

过电流保护电路主要用来对功率晶体管进行保护，以免因电流过大而损坏功率晶体管。当通过功率晶体管的电流正常时，取样电阻R3产生的压降较小，通过LM358送到控制芯片①脚的电压较低，它内部的过电流保护电路不动作，功率晶体管可以正常接收到励磁脉冲，正常使电动机运转。

当负载过大或因电动机堵转等导致功率晶体管电流过大时，取样电阻R3的压降加大，通过LM358放大后为控制芯片LB11820S中①脚提供的电压升高，其内部的过电流保护电路开始工作，使其不能输出励磁脉冲，从而使功率晶体管停止工作，电动机停止转动，实现过电流保护。

4.4 电动自行车控制器的检修方法

4.4.1 电动自行车控制器的检修流程

控制器作为电动自行车的控制核心,若出现问题,则会使电动自行车出现接通电源后电动机便高速运转(飞车故障)、电动机转速不稳(控制电路输出电压不稳定)、电动机不起动(控制电路无输出或输出电压不正常、通电烧控制器)、电动机抖动(控制电路断相)等故障。当怀疑电动自行车控制器出现故障时,可遵循"先外围后自身、先查输出后查内部"的基本原则进行检修。

【电动自行车控制器的基本检修流程】

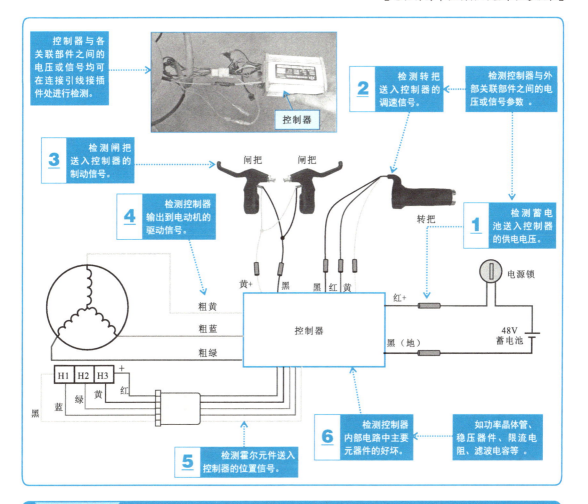

特别提醒

检修控制器时,不要轻易拆开控制器进行检查,排除外部因素是检修的第一步,也是十分重要的操作步骤。根据维修经验,控制器故障发生率最高的部位为外部被控制器件、接插件及引线连接点。这类故障较易修理,若盲目拆解控制器,不仅容易造成控制器密封性不良,而且可能因误操作而损坏控制器内部元器件,甚至造成不可修复的故障,带来不必要的损失。

对于控制器内部的故障,较多的是稳压器件、功率晶体管、控制芯片、限流电阻等主要元器件损坏。该类故障一般可通过检测出故障点并更换故障元器件来排除,需要维修人员具备专业的维修技能。

1. 检测蓄电池送入控制器的供电电压

控制器的正常工作需要蓄电池为其提供基本的工作电压，该电压由蓄电池经连接引线送入控制器中。若供电电压不正常，则控制器无法进入工作状态。

【控制器供电电压的检测示意图】

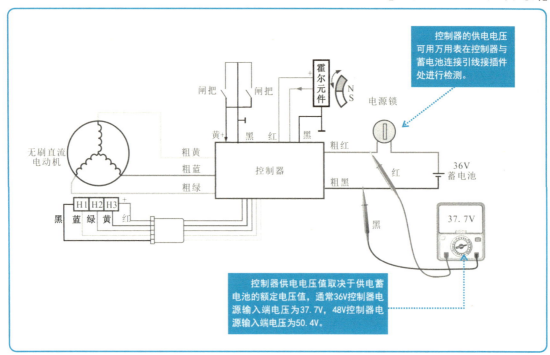

【控制器供电电压的检测方法】

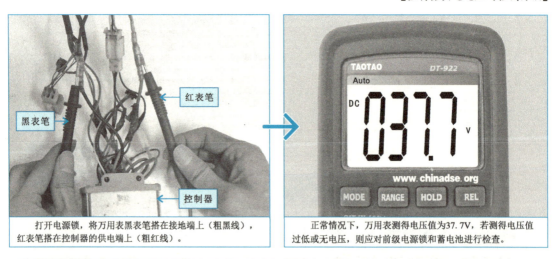

打开电源锁，将万用表黑表笔搭在接地端上（粗黑线），红表笔搭在控制器的供电端上（粗红线）。

正常情况下，万用表测得电压值为37.7V，若测得电压值过低或无电压，则应对前级电源锁和蓄电池进行检查。

特别提醒

对控制器供电电压的检测相当于对蓄电池输出电压的检测。若电压过低，则应检查蓄电池部分；若电压正常，但车把显示部分显示电量不足，则应对蓄电池进行充电。

2. 检测转把送入控制器的调速信号

转把为控制器送入调速信号,只有控制器接收到该信号,才能输出相应驱动信号去控制电动机的工作状态。

【控制器与转把之间调速信号的检测示意图】

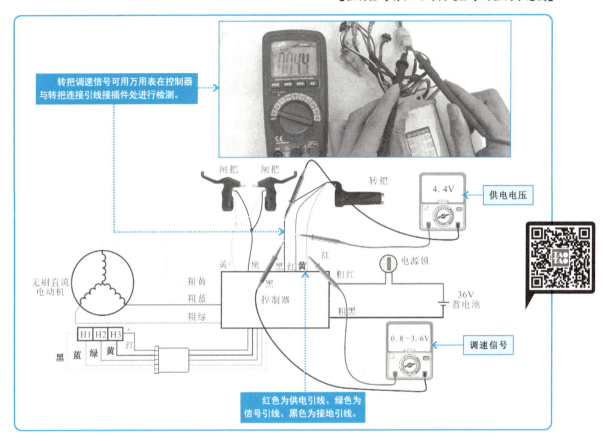

【控制器与转把之间调速信号的检测方法】

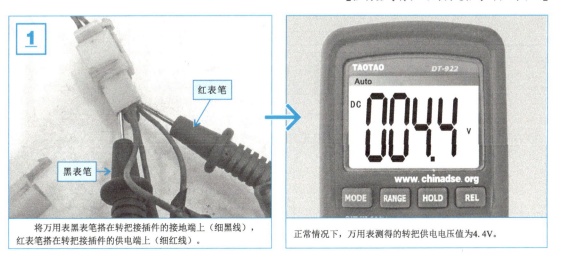

【控制器与闸把之间制动信号的检测方法】

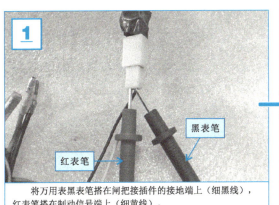

将万用表黑表笔搭在闸把接插件的接地端上（细黑线），红表笔搭在制动信号端上（细黄线）。

正常情况下，未捏紧闸把时，万用表测得电压为4.8V。

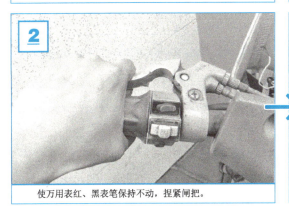

使万用表红、黑表笔保持不动，捏紧闸把。

正常情况下，捏紧闸把时，电压值变为零。

 特别提醒

通常，未操作闸把时，控制器与闸把之间的高电平信号应不小于4V；当捏下闸把时，闸把制动信号端的电压应变为低电平（接近0V）。

4. 检测控制器输出的无刷直流电动机驱动信号

当电动自行车正常行驶时，控制器通过三根引线为无刷直流电动机提供驱动信号。

【控制器与无刷直流电动机之间驱动信号的检测示意图】

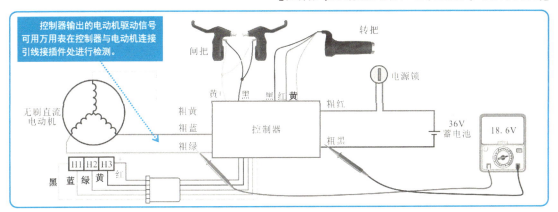

【控制器与无刷直流电动机之间驱动信号的检测方法】

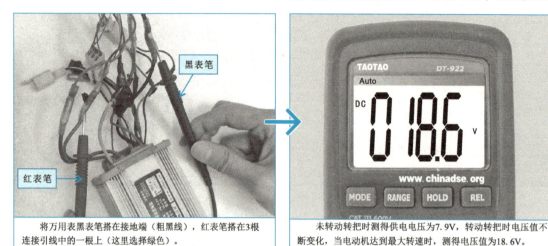

将万用表黑表笔搭在接地端（粗黑线），红表笔搭在3根连接引线中的一根上（这里选择绿色）。

未转动转把时测得供电电压为7.9V，转动转把时电压值不断变化，当电动机达到最大转速时，测得电压值为18.6V。

 特别提醒

正常情况下，3根引线在电动机达到最大转速时测得的电压值基本相同。实测时，若检测不到电压或某一根引线电压过高或过低，则表明控制器内的相关元器件存在故障，应对控制器内部元件进行检测。

5. 检测霍尔元件送入控制器的位置信号

电动自行车正常行驶时，霍尔元件通过5根引线为控制器提供电动机的位置信号，使电动机连续运转。

【控制器与霍尔元件之间位置信号的检测示意图】

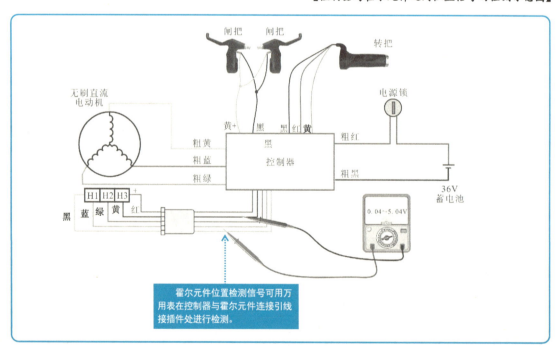

霍尔元件位置检测信号可用万用表在控制器与霍尔元件连接引线接插件处进行检测。

【控制器与霍尔元件之间位置信号的检测方法】

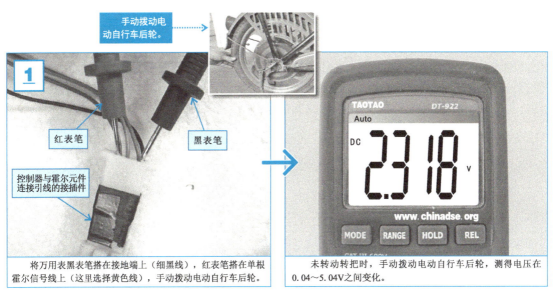

将万用表黑表笔搭在接地端上（细黑线），红表笔搭在单根霍尔信号线上（这里选择黄色线），手动拨动电动自行车后轮。

未转动转把时，手动拨动电动自行车后轮，测得电压在0.04~5.04V之间变化。

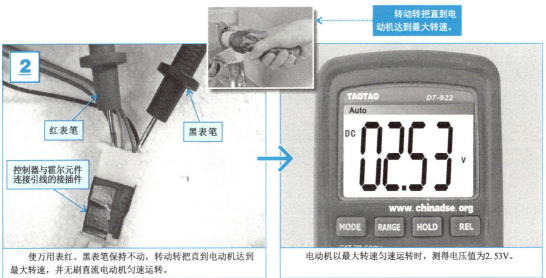

使万用表红、黑表笔保持不动，转动转把直到电动机达到最大转速，并无刷直流电动机匀速运转。

电动机以最大转速匀速运转时，测得电压值为2.53V。

特别提醒

当用手慢慢拨动后轮使之旋转时（无刷直流电动机转子部分转动），黄色信号线的电压值在0.04~5.04V之间缓慢变化；当转动转把使电动机达到最大转速，并使其匀速运转时，该信号线电压值为2.53V，此时表明控制器与霍尔元件中黄色信号线间的电压值正常。采用同样的方法分别检测控制器与无刷直流电动机中其他霍尔元件之间的位置信号。

信号线类型	最低值	最高值	平均值
黄色信号线	0.04V	5.04V	2.54V
绿色信号线	0.04V	5.04V	2.54V
蓝色信号线	0.04V	4.86V	2.45V

控制器与霍尔元件间的红色引线端为霍尔元件的供电端。正常情况下，该引线处应有4.33V的供电电压。

需要注意的是不同型号的控制器与电动机霍尔元件之间的位置信号参数值与上述检测结果并不完全相同，但基本都遵循上述规律。若在维修过程中实测结果偏差较大，则说明控制器或电动机中的霍尔元件存在故障，应进一步进行检修。

6. 检测控制器内部电路中的主要元器件

在上述检测中，当控制器电源供电电压正常，调速信号、制动信号均正常，但无输出或输出侧的电动机驱动信号异常时，若怀疑控制器内部元器件损坏，则应将控制器外壳打开，针对控制器电路板上的易损元器件进行检测，如功率晶体管、限流电阻、稳压器件等，通过排查各元器件的好坏，找到故障点并排除故障。

【功率晶体管的检测方法】

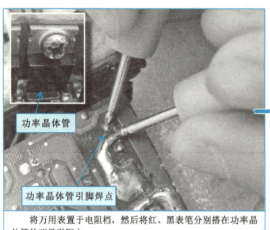

功率晶体管

功率晶体管引脚焊点

将万用表置于电阻档，然后将红、黑表笔分别搭在功率晶体管的两只引脚上。

正常情况下，测得功率晶体管两引脚间的电阻值为7.96kΩ，调换表笔再次测量，这两个引脚间的电阻值仍为7.96kΩ。

特别提醒

控制器中的功率晶体管多为场效应晶体管，通常可在断电状态下检测引脚间的电阻值，然后再对其进行检测和判断。

正常情况下，检测功率晶体管任意两个引脚间的电阻值时，应能测到两组几千欧姆的数值，其余均趋于无穷大。若不满足该检测结果，或测得某组数值为零，则该功率晶体管可能已经损坏，应选用相同规格参数和型号的场效应晶体管进行更换。

【限流电阻的检测方法】

限流电阻

将万用表置于电阻档，然后将红、黑表笔分别搭在限流电阻的两只引脚上。

正常情况下测得限流电阻的电阻值为330Ω。

特别提醒

在控制器中，限流电阻损坏的概率较高，通常可直接在断电状态下使用万用表检测其电阻值，以判断其好坏。

【三端稳压器的检测方法】

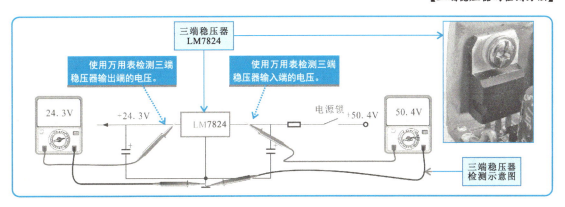

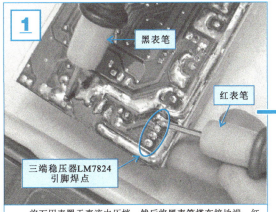

① 将万用表置于直流电压档，然后将黑表笔搭在接地端，红表笔搭在三端稳压器的电压输入端。

正常情况下，万用表测得三端稳压器输入电压值为50.4V。

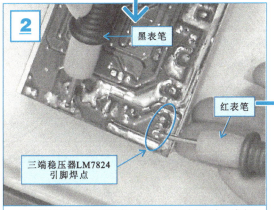

② 保持万用表黑表笔接地位置不变，将红表笔搭在三端稳压器的电压输出端。

正常情况下，万用表测得三端稳压器输出电压值为24.3V。

特别提醒

　　控制器中三端稳压器的作用主要是将蓄电池电压进行稳压后，输出电路板上其他元器件正常工作所需要的直流电压。该器件的好坏，通常采用在通电情况下检测其输入端和输出端电压的方法进行判断。若输入正常但无输出，则表明该三端稳压器损坏，应选用同型号的三端稳压器进行更换。不同种类的控制器其三端稳压器的输入、输出电压可能略有差异。
　　电动自行车控制器中通常采用的三端稳压器除了上文介绍的可调输出三端稳压器LM7824之外，还有固定输出的三端稳压器7805、7806、7812和7815等。这些三端稳压器的检测方法基本相同。

4.4.2 电动自行车控制器的拆卸与代换

当电动自行车控制器出现故障，且无法进行维修时，首先需要对控制器进行拆卸，然后使用同型号的控制器进行代换。

1. 控制器的拆卸

电动自行车控制器的拆卸方法很简单，可先找到控制器，将其从电动自行车上取下，然后拔下控制器与其他部件之间的连接引线即可。

【控制器的拆卸方法】

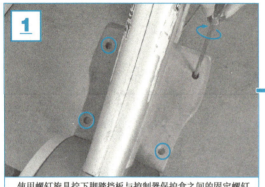

使用螺钉旋具拧下脚踏挡板与控制器保护盒之间的固定螺钉。

脚踏挡板

取下控制器保护盒后即可看到控制器。

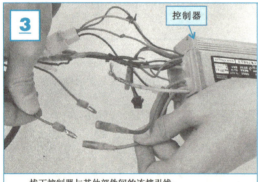

控制器

拔下控制器与其他部件间的连接引线。

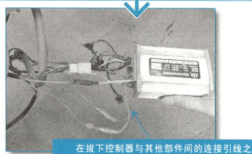

在拔下控制器与其他部件间的连接引线之前，应记录好连接引线的连接关系，以保证在重装控制器时能够一一对应连接，避免连接错误。

特别提醒

在检修控制器的过程中，当怀疑控制器内部元器件损坏时，还需要对控制器的金属外壳进行拆卸，然后对内部电路板上的元器件进行检测。

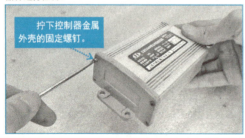

拧下控制器金属外壳的固定螺钉。

取下金属外壳内的控制器电路板。

2. 控制器的代换

当需要对控制器进行代换时，需使用同型号或参数相同的控制器进行代换。控制器的代换操作通常可分为三大步骤：第一步是寻找可代替的控制器；第二步是代换控制器，第三步是通电试机。

【寻找可代替的控制器】

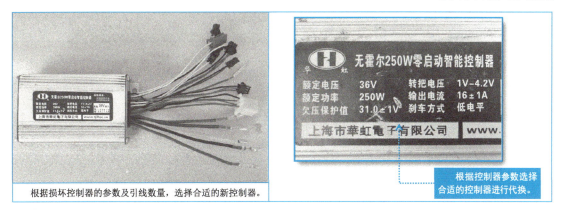

根据损坏控制器的参数及引线数量，选择合适的新控制器。

根据控制器参数选择合适的控制器进行代换。

【代换控制器】

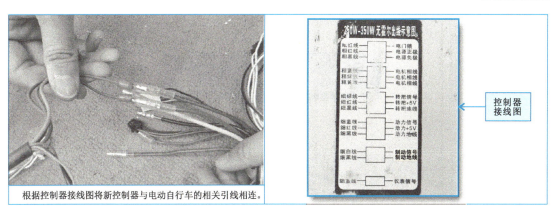

根据控制器接线图将新控制器与电动自行车的相关引线相连。

控制器接线图

【通电试机】

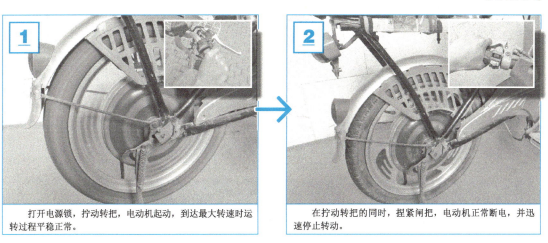

1. 打开电源锁，拧动转把，电动机起动，到达最大转速时运转过程平稳正常。

2. 在拧动转把的同时，捏紧闸把，电动机正常断电，并迅速停止转动。

第5章 电动自行车蓄电池的功能特点与检修方法

5.1 电动自行车蓄电池的种类与功能特点

▶ 5.1.1 电动自行车蓄电池的种类

电动自行车蓄电池是一种可反复充电的蓄电池。目前，根据蓄电池内化学元素的不同，可将其分为铅酸蓄电池、镍镉蓄电池、镍氢蓄电池和锂离子蓄电池四种。

 1. 铅酸蓄电池

铅酸蓄电池属于酸性蓄电池，是目前使用量最大的一类蓄电池。目前，电动自行车常用3块或4块铅酸蓄电池串联成36V或48V两种车用蓄电池。

【铅酸蓄电池】

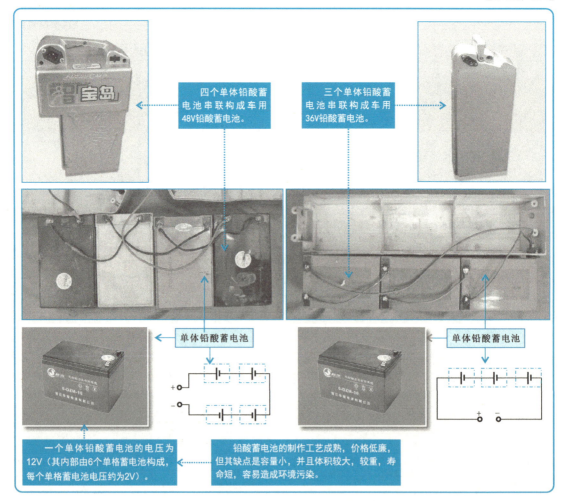

2. 镍镉蓄电池

镍镉蓄电池属于碱性蓄电池，已有很长的使用历史。

特别提醒

镍镉蓄电池具有循环寿命长（约500次）、经济耐用、内阻小、可快速充电、放电电流大、结构紧凑、耐冲击、耐过充电和过放电能力强等特点。但由于其具有记忆效应，在使用过程中，如果电量没有全部放完就开始充电，下次再放电时，就不能放出全部电量。比如在镍镉蓄电池只放出80%的电量后就开始充电，充足电后，该蓄电池也只能放出80%的电量。另外，由于其电解液中含有镉元素，易产生污染，使其未能在电动自行车领域得到发展和应用。

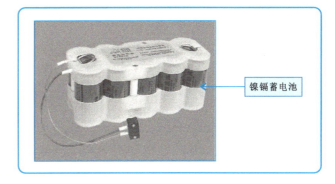

【镍镉蓄电池】

3. 镍氢蓄电池

镍氢蓄电池属于碱性蓄电池。

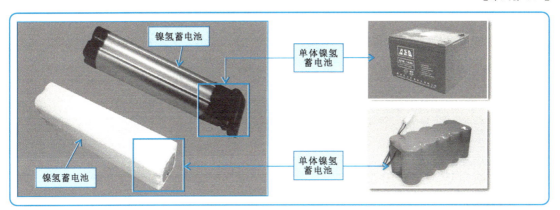

【镍氢蓄电池】

4. 锂离子蓄电池

锂离子蓄电池是继镍氢蓄电池之后，出现的又一种新型蓄电池。

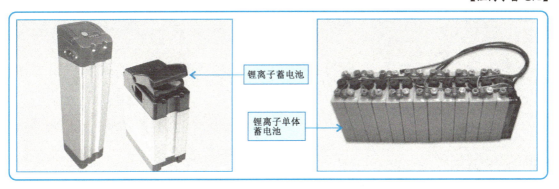

【锂离子蓄电池】

5.1.2 电动自行车蓄电池的功能特点

蓄电池是电动自行车的能源载体,承载着整车所有电气部件工作的电力供应,是实现电动自行车电动行车功能的首要条件,也是影响电动自行车性能的关键部件。

【电动自行车蓄电池的功能】

特别提醒

电动自行车的类型不同,其蓄电池的安装位置也有所区别,除安装在鞍座下部与后轮之间外,还有些安装在脚踏板下,也有些安装在车架前部斜杠上。

5.2 电动自行车蓄电池的结构与工作原理

5.2.1 电动自行车蓄电池的结构

目前，在市场上流行的电动自行车中，以铅酸蓄电池和锂离子蓄电池较为常见。下面将主要以这两种蓄电池为例介绍其结构。

1. 铅酸蓄电池的结构

阀控式免维护铅酸蓄电池是电动自行车中最为常见的一类蓄电池。这种蓄电池普及率很高，结构比较简单。下面从一个48 V蓄电池中取出一个单体铅酸蓄电池（以下称为单体蓄电池），详细介绍其内部结构。打开单体蓄电池的盖板即可看到安全阀部分，将安全阀连同蓄电池端盖取下后即可看到其内部结构。

【单体蓄电池的内部结构】

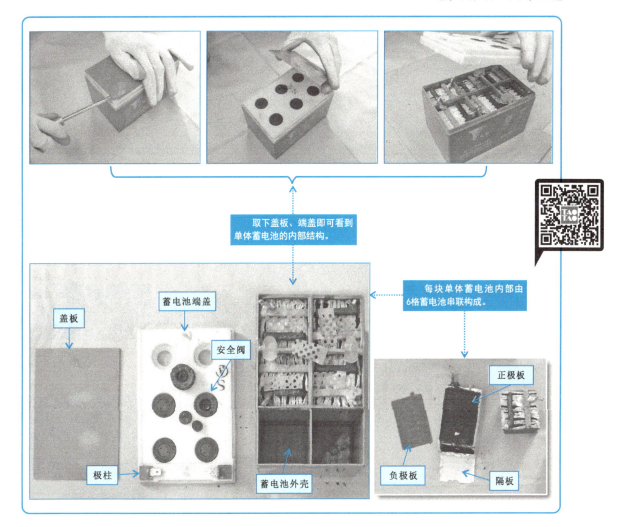

【单体蓄电池的内部结构（续）】

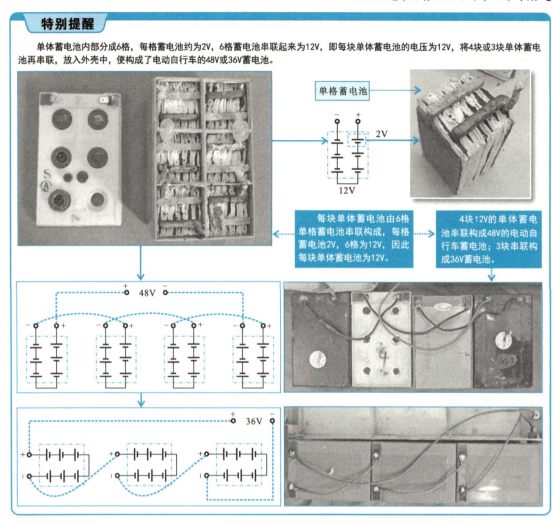

【安全阀】

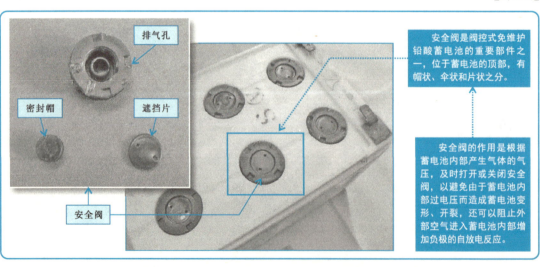

2. 锂离子蓄电池的结构

锂离子蓄电池是继镍氢蓄电池之后，出现的又一种新型蓄电池。下面也从一个锂离子蓄电池中取出其中一个单体锂离子蓄电池，详细介绍其内部结构。单体锂离子蓄电池的形状有筒形和方形两种。筒形锂离子蓄电池是将极板、隔板、极柱等材料卷曲在一起，插入蓄电池外壳中，并注入少量电解液制成的；方形锂离子蓄电池内部是以层叠的方式将极板和隔膜板叠加在一起制成的。

【单体蓄电池的内部结构】

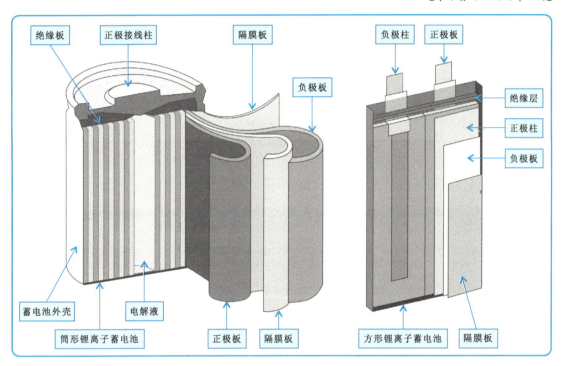

【锂离子蓄电池正极板的原子结构】

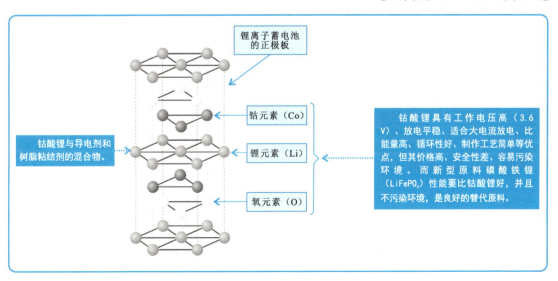

> **特别提醒**
>
> 锂离子蓄电池的正极板以钴酸锂（$LiCoO_2$）为主要原料，再加入导电剂和树脂粘结剂后涂覆在铝质基板上，整体呈细薄层分布。

【锂离子蓄电池负极板的原子结构】

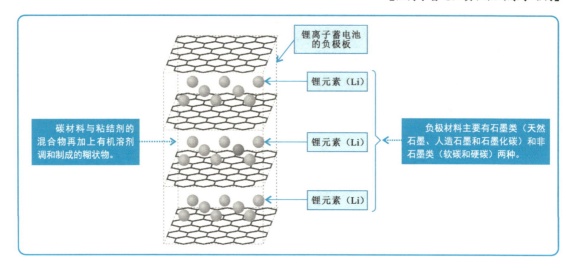

> **特别提醒**
>
> 隔膜板：隔膜板可起到关闭或阻断通道的作用，一般采用聚乙烯或聚丙烯材料的微多孔膜板。所谓关闭或阻断功能，是指蓄电池出现异常温度上升的情况时，关闭或阻断作为离子通道的细孔，使蓄电池停止充、放电反应。隔膜板可以有效防止因外部短路等所引起的过大电流充、放电而使蓄电池产生异常发热现象。
> 电解液：锂离子蓄电池的电解液是以混合溶剂为主体的有机电解液。电解液对于活性物质具有化学稳定性，可适应充、放电反应过程中发生的剧烈氧化还原反应，因此电解液中一般会混合不同性质的几种溶剂。
> 安全阀：为了确保锂离子蓄电池的安全性，在其外部电路或蓄电池内部都设有用于切断异常电流的安全装置。即使这样，在使用过程中也有可能因其他原因引起蓄电池内部压力异常上升。因此，在蓄电池的顶部设有安全阀来释放多余气体，防止蓄电池变形破裂。锂离子蓄电池的安全阀是一种一次性非修复式的破裂膜，保护蓄电池使其停止充、放电过程。它是蓄电池的最后保护手段。

▶ 5.2.2 电动自行车蓄电池的工作原理

蓄电池是电动自行车的能源供给部件，通过内部化学反应输出电能，为电动自行车电力骑行提供基本的工作条件。因此，理清蓄电池的工作原理是维修蓄电池的基本知识技能。下面仍以铅酸蓄电池和锂离子蓄电池为例，介绍这两种蓄电池的工作原理。

1. 铅酸蓄电池的工作原理

铅酸蓄电池以二氧化铅作为正极，纯铅作为负极。这两种活性物质与稀硫酸共同作用，实现蓄电池的充、放电过程。铅酸蓄电池放电的过程就是化学上所讲的化学能转化为电能的过程。铅酸蓄电池充电的过程正好与放电过程相反，也就是将电能转化为化学能的过程。

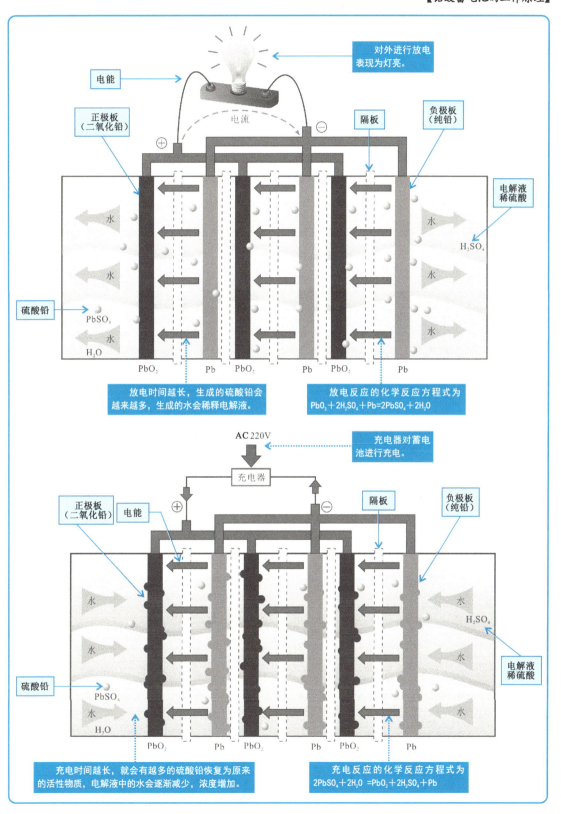

2. 锂离子蓄电池的工作原理

锂离子蓄电池内部以锂的活性化合物作为正极，特殊分子结构的碳作为负极，这两种化学物质发生化学反应实现蓄电池的充、放电过程。

【锂离子蓄电池的工作原理】

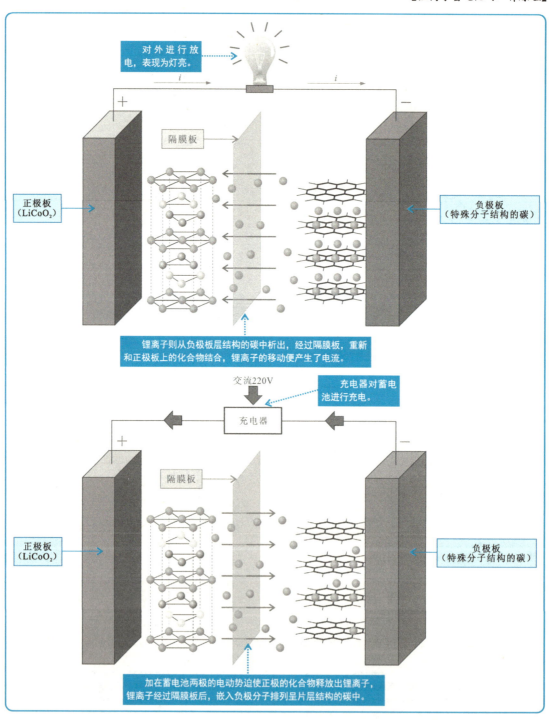

5.3 电动自行车蓄电池的检测方法

5.3.1 蓄电池电压的检测方法

蓄电池的性能状态主要体现在容量和电压上,因此可先用万用表测量蓄电池电压,根据电压高低来快速判断蓄电池性能的好坏。电动自行车蓄电池的电压,即蓄电池输出端子上的电压,常用万用表检测。

【蓄电池电压的检测方法】

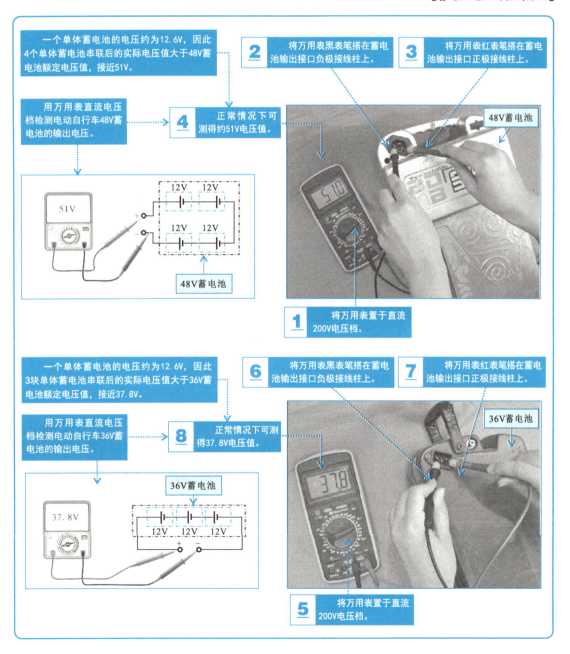

5.3.2 蓄电池容量的检测方法

蓄电池的容量是反应蓄电池实际放电能力的关键参数,通过对蓄电池容量的检测可准确判断出蓄电池的性能。一般,蓄电池容量需要用专业的蓄电池容量检测仪来进行检测。

【蓄电池容量的检测方法】

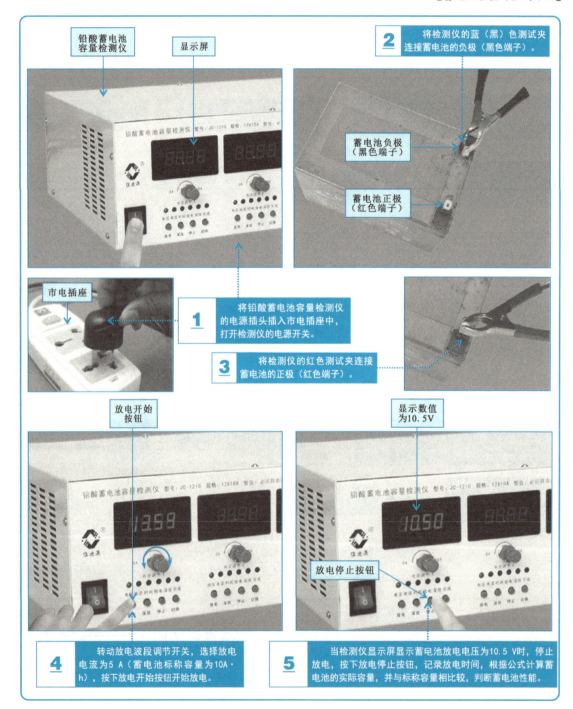

5.3.3 蓄电池中单体蓄电池的检测方法

蓄电池中单体蓄电池的检测，主要包括单体蓄电池空载电压的检测、单体蓄电池负载电压的检测、安全阀及内部单格蓄电池电压的检测等几方面。

1. 单体蓄电池空载电压的检测

将蓄电池外壳打开，通过对单体蓄电池电压进行检测，找出不良的单体蓄电池，可用万用表进行直接测量。

【单体蓄电池电压的检测方法】

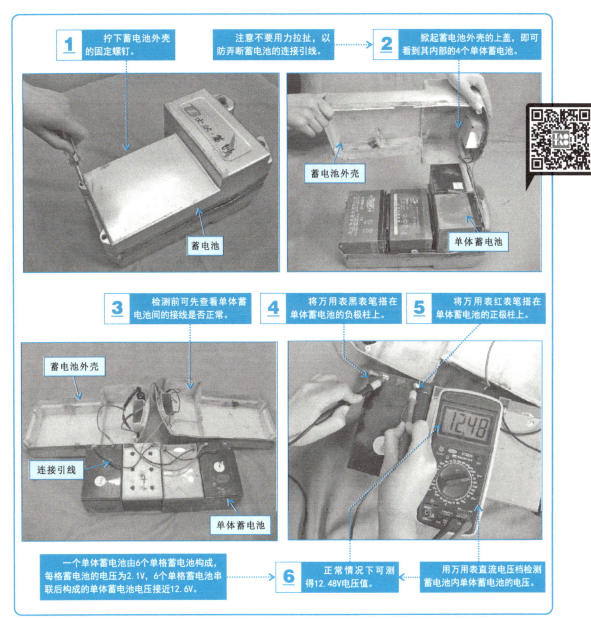

> **特别提醒**
>
> 值得注意的是，利用万用表检测单体蓄电池空载电压的方法，一般只能初步判断蓄电池的好坏。另外，在检测蓄电池总电压时，应尽量不要在刚刚充满电时进行检测，刚充满电的蓄电池电压一般会偏高一些。
>
> 根据维修经验，电动自行车的蓄电池使用一会后或充好电静置数小时后，若测量其总电压为48V或稍高（对于48V蓄电池来说），一般可表明蓄电池正常；若只能达到46 V或以下，则其内部可能有一个单体蓄电池不良，此时，应逐个检测单体蓄电池的电压，电压过低的单体蓄电池为损坏的蓄电池。
>
> 另外，还可通过蓄电池的充电时间来初步判断其好坏。在蓄电池中，当有一个单体蓄电池不良（4个单体蓄电池中仅1个的电压为10V，一般低于10.8V或无电压即为损坏），其总电压能达到46 V时，充电器一般仍然能显示充满且显示绿灯，只是充电时间需要延长0.5～1h（有轻度过充电的危害）；当有2个及2个以上的单体蓄电池不良时，用充电器给低于46 V的蓄电池充电，一般充电器不能显示充满状态，且一直不能由红灯转为绿灯。

2. 单体蓄电池负载电压的检测

用万用表直接检测空载蓄电池电压时，实际测得的电压值为其虚电压。若要准确检测蓄电池的好坏，则应检测加有负载情况下的电压。测量单体蓄电池负载电压通常有一种简便快捷的方法，即利用蓄电池检测仪进行检测。

【单体蓄电池负载电压的检测方法】

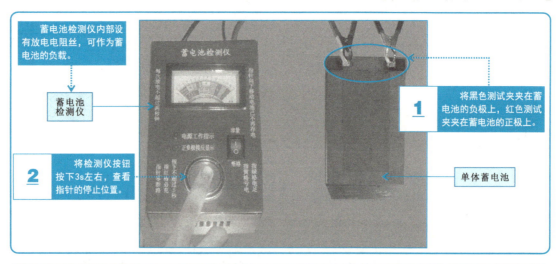

3. 单体蓄电池安全阀的检修

检修单体蓄电池安全阀时，需要将单体蓄电池的盖板打开，首先观测其外观，看是否有漏液情况（如果安全阀损坏，将造成电解液外溢等现象）。另外，还可通过打开时的声音来判断安全阀的质量。

【单体蓄电池安全阀的检修方法】

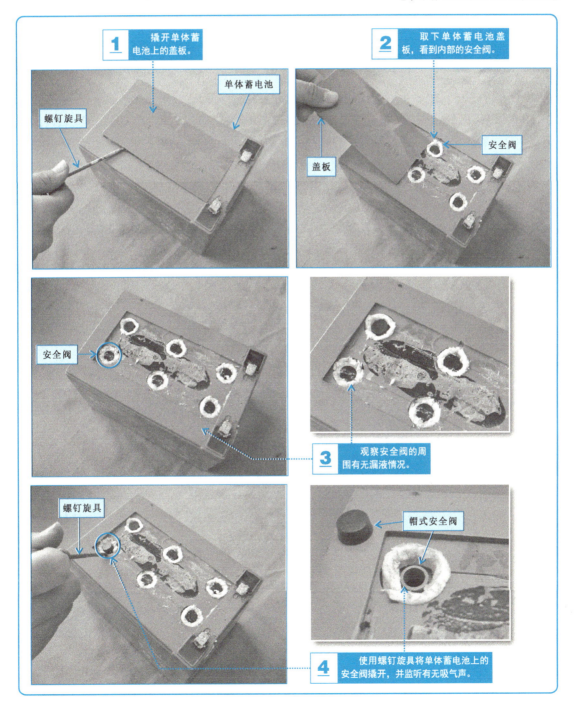

5.4 电动自行车蓄电池的更换与修复方法

电动自行车蓄电池在使用过程中，常常会出现各种各样的故障，而不同的故障所对应的损伤原因和程度也不相同，采用的排除方法也不同，甚至有些故障进行简单操作便可排除，如更换某一块单体蓄电池、补水修复、补充电解液等，而有些故障则需要使用专业的仪器才能排除，如蓄电池硫化等，但也有些故障将导致蓄电池完全失效，属于不可修复故障。

5.4.1 蓄电池中单体蓄电池的更换重组

在电动自行车日常使用的过程中，蓄电池使用时间明显缩短是最常见的一种故障。例如48V的蓄电池，其内部4块单体蓄电池中至少有1块可能已损坏，其他3块是好的，但是3块好的单体蓄电池也存在放电时间过短的问题，也就是说存在硫化现象。此时，如果更换全部单体蓄电池，将造成不必要的损失和浪费，因此，可只对其中某1块单体蓄电池进行更换，对另外3块好的单体蓄电池进行修复，即通过更换某1个单体蓄电池来实现重组修复。

在对蓄电池中的单体蓄电池进行更换前，首先需要了解单体蓄电池间的连接方式。正常情况下，蓄电池中的单体蓄电池均采用串联的方式进行连接，更换时，需要注意接线的正确性。

【单体蓄电池的连接方式】

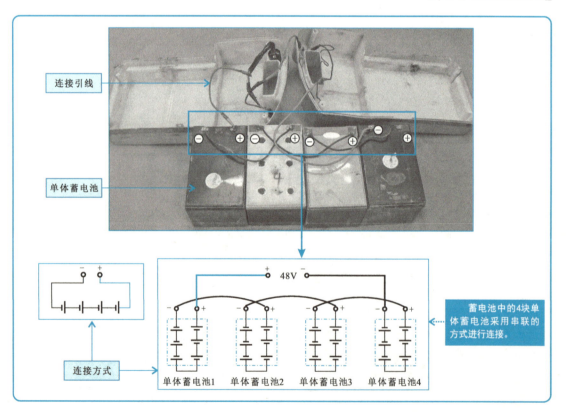

其次,通过检测找出损坏的单体蓄电池,将它与其他单体蓄电池的连接引线焊开,然后用1块良好的单体蓄电池更换,按照原焊接方式将连接引线焊接到新的单体蓄电池上即可。

【蓄电池中单体电池的更换重组】

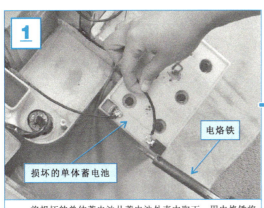

将损坏的单体蓄电池从蓄电池外壳中取下,用电烙铁将损坏的单体蓄电池连接引线焊开。

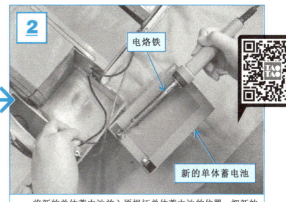

将新的单体蓄电池放入原损坏单体蓄电池的位置,把新的单体蓄电池按照串联的方式与其他单体蓄电池进行连接。

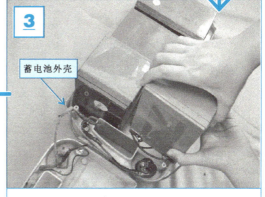

将万用表黑表笔搭在黑色接地引线上,红表笔搭在红色供电引线,万用表测得电压值为50.4V。

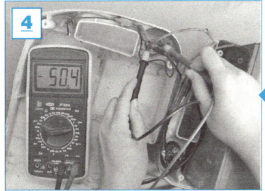

将更换和焊接良好的蓄电池组放入蓄电池外壳中。

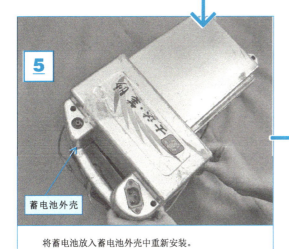

将蓄电池放入蓄电池外壳中重新安装。

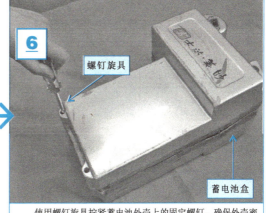

使用螺钉旋具拧紧蓄电池外壳上的固定螺钉,确保外壳密封、紧固良好。

5.4.2 蓄电池中单体蓄电池的修复

1. 蓄电池的放电修复

针对蓄电池内部几块单体蓄电池不均衡故障，可以采用专业的蓄电池放电检测仪进行放电修复。

【蓄电池的放电修复方法】

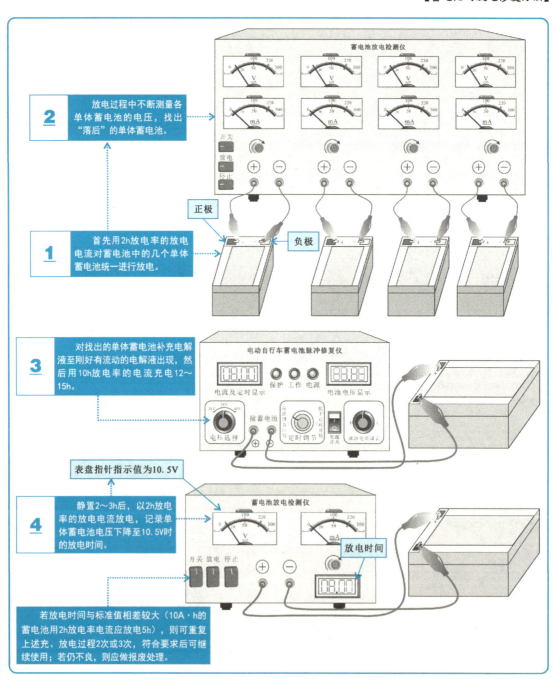

特别提醒

在对蓄电池进行放电操作中，蓄电池的放电终止电压也是蓄电池的重要参数，与之对应的还有充电终止电压。

● 放电终止电压

放电终止电压是指蓄电池放电时允许的最低电压。如果在电压低于放电终止电压后蓄电池继续放电，则蓄电池两端电压会迅速下降，形成深度放电，这样，极板上形成的生成物在正常充电时就不易再恢复，从而影响蓄电池的寿命。放电终止电压和放电率有关。

放电时的电压与放电电流和蓄电池的内阻有关。放电电流越大，电压降越大。放电电流的大小决定了相应的放电终止电压，避免放电终止电压过低，损害蓄电池。

不同类型蓄电池的放电终止电压也不相同，上述的铅酸单格蓄电池放电终止电压为1.75V，镍镉单格蓄电池放电终止电压根据放电速率的不同为0.9～1.1V，镍氢单格蓄电池的放电终止电压为1V，锂离子单格蓄电池的放电终止电压为2.75～3V。了解这些参数信息对安全使用和有效维护以及检修蓄电池都十分必要。

电动自行车的蓄电池为单体蓄电池的串联组合，其放电终止电压则因串联单格蓄电池的不同而有所不同。在最常见的铅酸蓄电池中，36V蓄电池内部为3个12V单体蓄电池的组合，一个12V单体蓄电池的放电终止电压为10.5V，那么，整个36V蓄电池的放电终止电压为31.5V。在检测和修复时，应注意其放电终止电压值，否则可能引起过放电，导致蓄电池损坏而无法修复。

● 充电终止电压

充电终止电压是指蓄电池充电时允许的最高电压。蓄电池充足电时，极板上的活性物质已达到饱和状态，即使继续充电，蓄电池的电压也不会上升，此时的电压称为充电终止电压。

铅酸单格蓄电池的充电终止电压为2.45V，镍镉单格蓄电池的充电终止电压为1.4～1.55V，镍氢单格蓄电池的充电终止电压为1.5V，锂离子单格蓄电池的充电终止电压为4.2V。了解这些参数信息对安全使用和有效维护以及检修蓄电池都十分必要。

此外，放电循环寿命也通常作为衡量蓄电池性能好坏的重要参数。放电循环寿命是指蓄电池进行充电、放电到蓄电池容量减小到额定容量70%时的循环次数。循环寿命越长，则蓄电池寿命越长。一般电动自行车的蓄电池放电循环寿命不少于300次，根据骑行时间、里程等计算，电动自行车的蓄电池可使用1～2年。

铅酸蓄电池、镍镉蓄电池、镍氢蓄电池和锂离子蓄电池各种参数的比较见下表。

蓄电池类型	铅酸蓄电池	镍镉蓄电池	镍氢蓄电池	锂离子蓄电池
额定电压（单格）/V	2	1.2	1.2	3.6
放电终止电压（单格）/V	1.75	0.9～1.1	1	2.75～3
充电终止电压（单格）/V	2.45	1.4～1.55	1.5	4.2
循环寿命/次	200～300	500	1000	500
放电温度/℃	0～45	-20～60	-10～45	-20～60
充电温度/℃	0～45	0～45	10～45	0～45
其他	一般电动自行车用蓄电池（将6个2V单格蓄电池串联成12V的单体蓄电池，再将3个或4个单体蓄电池串联成36V或48V常用蓄电池）	耐过充能力较强	目前最高容量为2100 mA·h	重量比镍氢蓄电池轻30%～40%，容量高出镍氢蓄电池60%以上，但是不耐过充，如果过充会造成温度过高而破坏结构，引起爆炸

2. 蓄电池的补水（或电解液）修复

蓄电池缺水是蓄电池最常见的一种故障。该类故障多是由于日常使用不当，如过充电、欠充电和过放电等造成的。其修复操作一般也比较简单，通常打开蓄电池盖板和安全阀，向排气孔中注入蒸馏水或电解液即可。

在对蓄电池进行补水（或电解液）修复前，要准备好修复蓄电池时要用到的螺钉旋具、蒸馏水、注射器、粘合剂（胶水/胶）、胶皮手套等工具和材料。

【蓄电池补水修复所用的各种工具和材料】

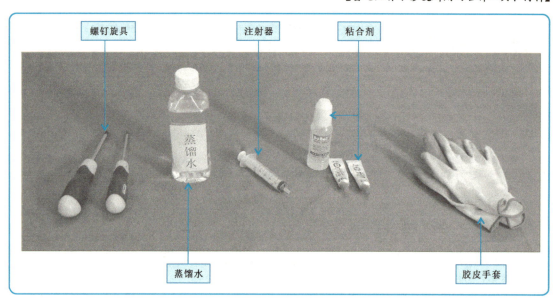

【蓄电池的补水修复方法】

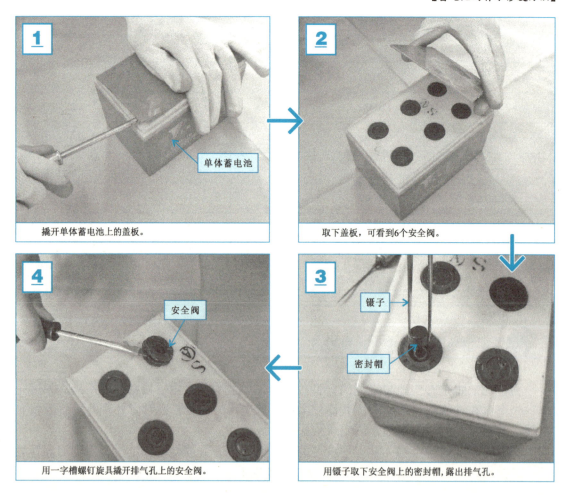

【蓄电池的补水修复方法（续）】

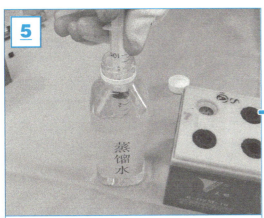

5 用注射器吸取适量蒸馏水。

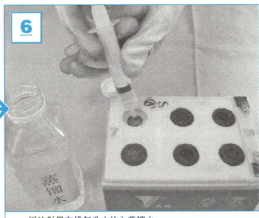

6 用注射器向排气孔中注入蒸馏水。

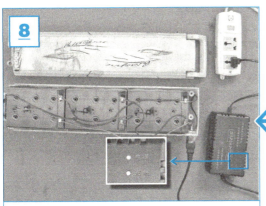

8 待充电指示灯变为绿色后，再浮充一段时间，拔掉充电器，充电完成。

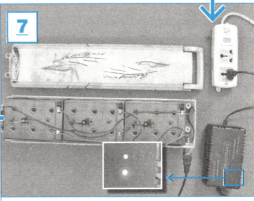

7 对修复后的蓄电池进行开帽充电，充电开始时电源和充电指示灯均为红色。

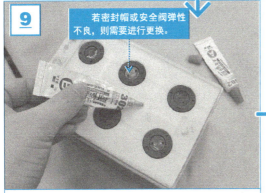

若密封帽或安全阀弹性不良，则需要进行更换。

9 重新盖好安全阀和密封帽，恢复安全阀周围的填充物，在蓄电池上的适当位置涂抹粘合剂。

10 盖上盖板，使之与蓄电池上盖贴紧，蓄电池补水操作完成。

特别提醒

若经修复后的蓄电池仍未能达到增加容量的目的，则原因可能是蓄电池正极板软化严重。该类蓄电池基本上无法修复，应做报废处理。若对修复的蓄电池充电30min后，检测单体蓄电池电压仍低于12V，则多为蓄电池内部短路。该类蓄电池基本上也无法修复，应做报废处理。

3. 蓄电池硫化的修复

蓄电池硫化是指在蓄电池的极板上生成白色坚硬的硫酸铅结晶，正常充电时，不能完全使其转化为铅和二氧化铅。这种现象即为硫酸铅盐化，简称"硫化"。

对蓄电池硫化现象的修复有多种方法，较常用的有水处理法和脉冲修复法。脉冲修复法的主要操作步骤如下：对蓄电池进行充电，检测蓄电池容量，对待修复的蓄电池进行放电操作，对蓄电池进行补充电解液操作，对充注完电解液的蓄电池进行彻底的放电操作，进行脉冲修复和重装蓄电池等。其中，检测容量等操作前面已经介绍了，这里只介绍一下脉冲修复的操作方法。

【蓄电池的脉冲修复方法】

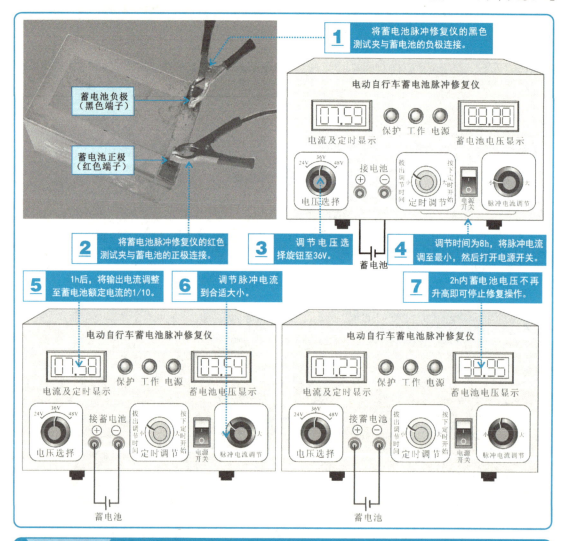

特别提醒

由于过充电、过放电和欠充电而硫化的蓄电池，用以上方法进行修复的效果是非常明显的，但是并不是所有的蓄电池都可以进行修复，如极板活性物质脱落的蓄电池，以及短路、断路的蓄电池是不能修复的。通常，所有极板软化或断路的蓄电池都是因为长期的硫化而导致的，所以一定要提前及时修复，延长蓄电池的使用寿命。

第6章
电动自行车充电器的结构与检修方法

6.1 电动自行车充电器的结构与工作原理

6.1.1 电动自行车充电器的结构

充电器是电动自行车中重要的配套器件,主要用于为蓄电池充电。根据充电器输出的直流电压值不同,充电器通常可分为36V和48V两类。

【充电器的实物外形】

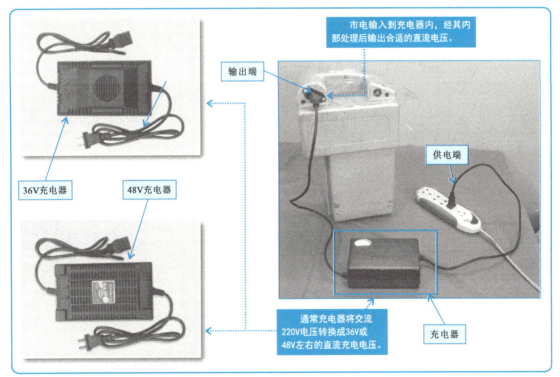

市电输入到充电器内,经其内部处理后输出合适的直流电压。

输出端

供电端

36V充电器　48V充电器

通常充电器将交流220V电压转换成36V或48V左右的直流充电电压。

充电器

特别提醒

充电器的外形大致相同,但输出的直流电压值不同,常见的有36V充电器和48V充电器两种。这两种充电器主要有两种区分方法:一种是通过其外壳上的铭牌标识进行区分;另一种是通过检测直流电压的方式进行区分,即将充电器接入电源,在不连接蓄电池的情况下,检测充电器输出的空载直流电压。通常48V充电器输出电压为50~59V,36V充电器输出电压为38~45V。

充电器外壳上的铭牌通常标识充电器的类型,如"48V/12AH"。

检测到的直流电压为50~59V的充电器为48V充电器。

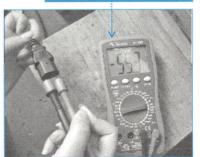

将充电器的外壳拆开后,即可看到充电器内部的电路板及散热风扇。下面以典型充电器的内部结构为例,详细介绍一下其内部结构。

【充电器的内部结构】

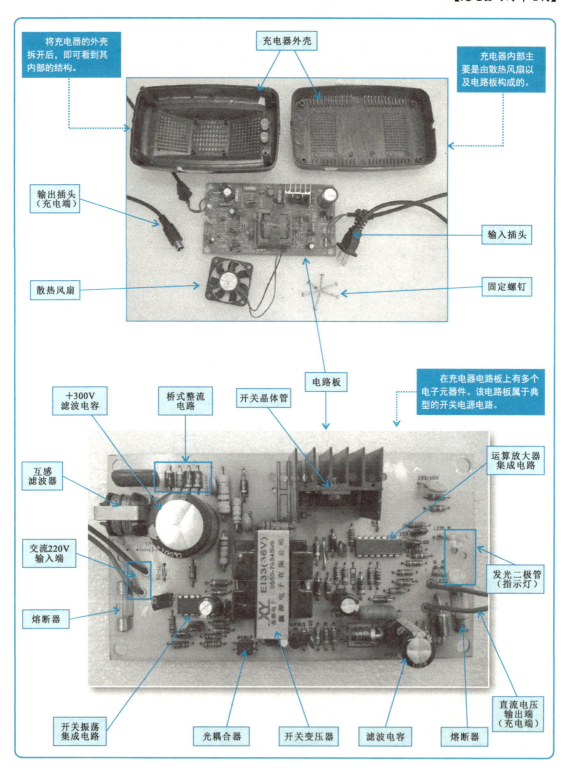

6.1.2 电动自行车充电器的工作原理

充电器主要的功能是将交流220V电压转换成36V或48V左右的直流充电电压,从而为电动自行车的蓄电池充电。根据蓄电池的类型不同,充电器输出的电压值也有所不同,但其工作流程基本类似。

【充电器的工作流程】

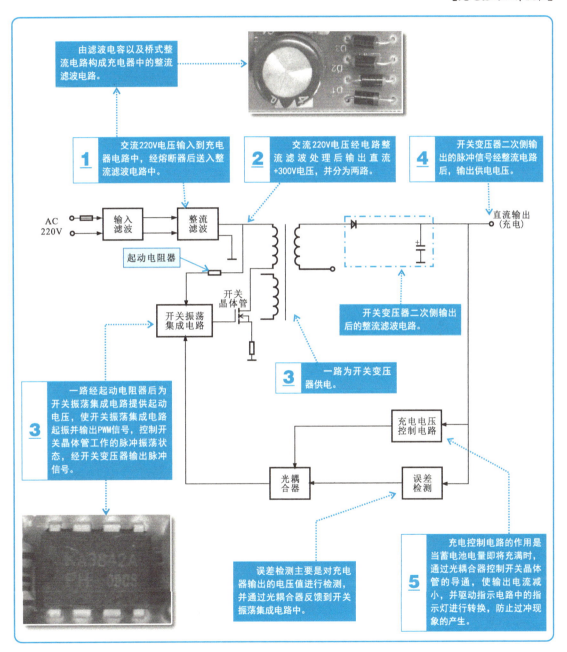

以上介绍了充电器的大概工作流程,接下来,分别以典型的36V和48V充电器为例,介绍一下充电器的具体工作原理。

1. 36V充电器的工作原理

下面以典型的36V充电器电路为例，对充电器的工作原理进行介绍。通过下图可知，该充电器的电路部分可以划分为交流输入电路、整流滤波电路、开关振荡电路、充电电压控制电路以及直流输出电路。

【36V充电器的电路图】

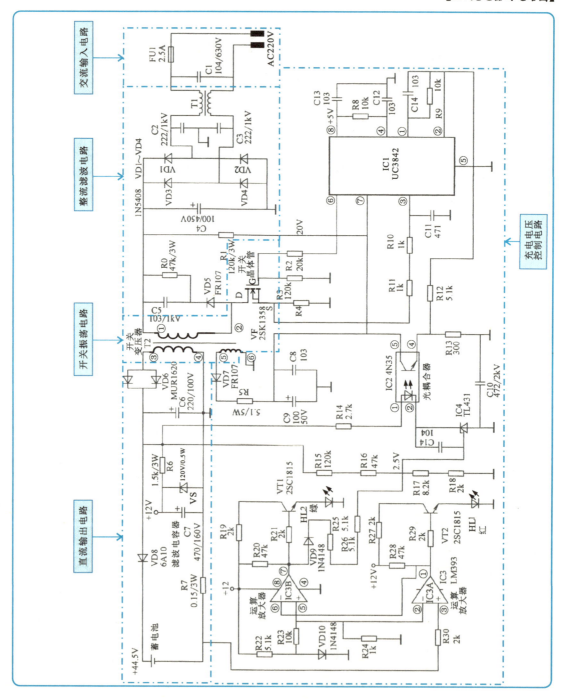

将上图中的电路划分为各功能不同的电路后，分别对其工作原理进行分析。

【交流输入及整流滤波电路的工作原理】

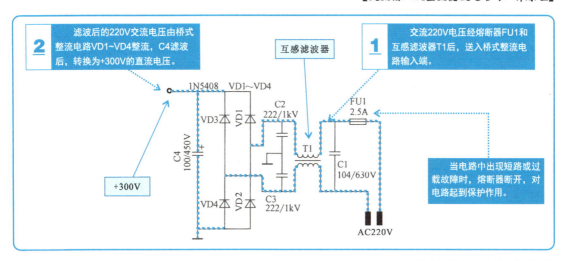

【开关振荡电路的工作原理】

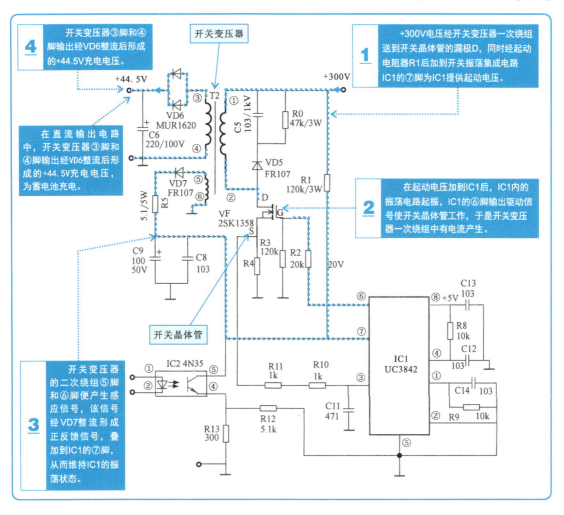

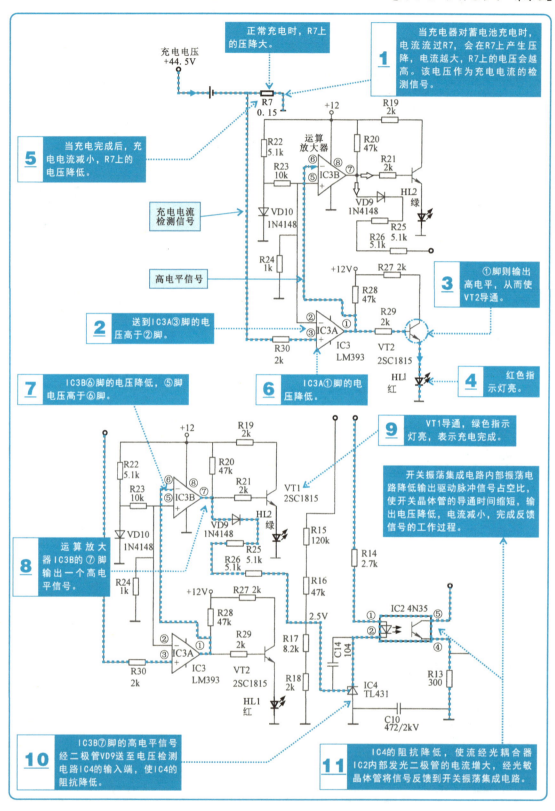

2. 48V充电器电路的工作原理

下面以典型的48V充电器为例,对充电器的工作原理进行介绍。由下图可知,该电路部分可划分为开关振荡电路、整流滤波电路、直流输出电路、状态指示电路以及脉宽调制信号产生电路。

【48V充电器的电路图】

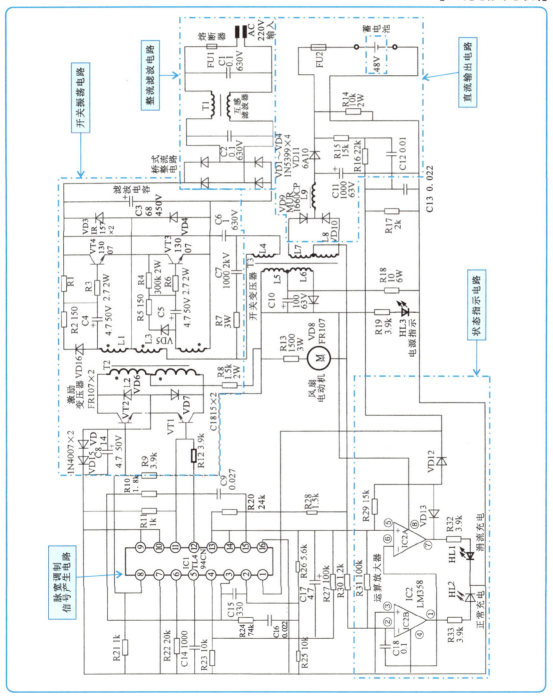

将上图中的电路划分为不同功能的电路后，分别对其工作原理进行分析。

【开关振荡电路的工作原理】

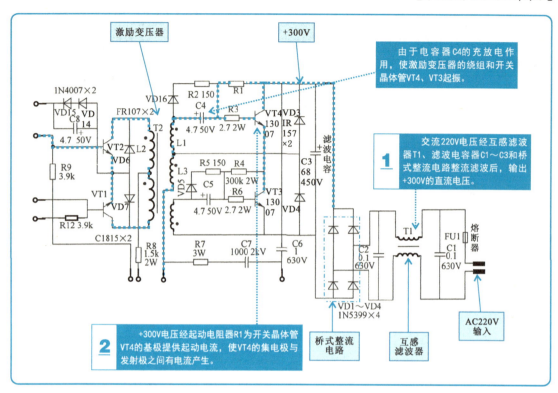

【直流输出电路的工作原理】

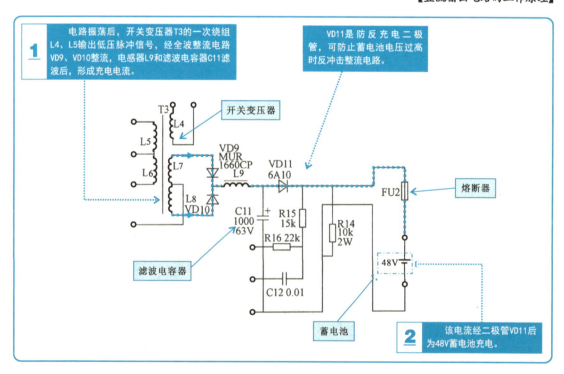

【状态指示电路的工作原理】

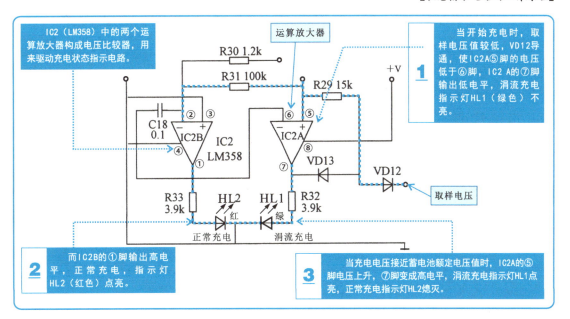

【脉宽调制信号产生电路的工作原理】

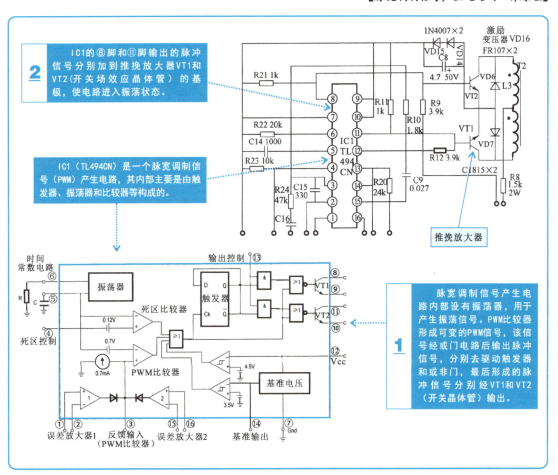

6.2 电动自行车充电器的检修方法

充电器作为电动自行车中重要的配套器件，若出现异常情况，则会导致电动自行车无法进行充电。在检修充电器前，首先要做好充电器的检修流程分析，然后在此基础上，对怀疑损坏的充电器进行检修。

由于电动自行车中的蓄电池需要通过充电器进行电能的补充，因此充电器中任何一个元器件不良或本身存在故障，都可能导致充电器无法为蓄电池充电，或产生充电过程中发热严重、指示灯异常等现象。

在对充电器进行检修时，可根据供电方式，分析可能产生故障的原因，整理出基本的检修流程，根据流程对充电器进行检修，最终排除故障。

【充电器的检修分析】

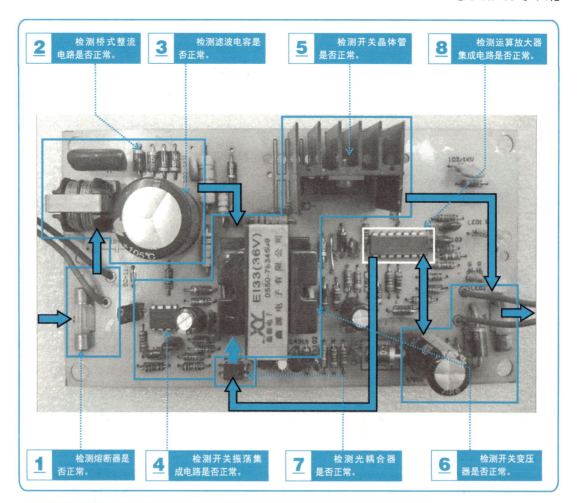

2 检测桥式整流电路是否正常。
3 检测滤波电容是否正常。
5 检测开关晶体管是否正常。
8 检测运算放大器集成电路是否正常。
1 检测熔断器是否正常。
4 检测开关振荡集成电路是否正常。
7 检测光耦合器是否正常。
6 检测开关变压器是否正常。

特别提醒

除了对电路板中各元器件进行检测外，还需要对散热风扇进行检查。若散热风扇不能正常工作，则会造成充电器内部温度过高。判断散热风扇是否正常时，通常需要查看灰尘是否过多、电动机是否损坏等。

> **特别提醒**

各类充电器的检修方法基本相同,检修前可先对充电器的输出电压及输入电压进行检测,判断充电器整体是否损坏。若输出的电压正常,则可以排除充电器本身的故障;若输出的电压异常,则需要进一步对充电器的输入电压进行检测。若输入的电压正常,而无输出电压,则表明充电器本身可能已损坏。

1 将充电器的输入端插入电源插座,接通220V供电电压。

3 万用表检测的电压值为57.8V。

正常情况下,48V充电器的输出电压值应为55~58V。

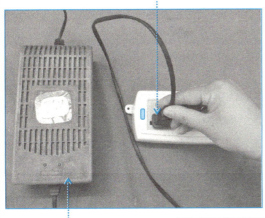

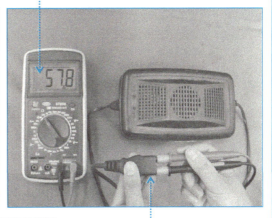

为充电器接通电源后,使充电器进入工作状态。

2 将万用表的红、黑表笔分别搭在充电器的直流输出端。

检测充电器的输入电压是否正常时,还可以使用万用表检测插座输出的电压是否正常。

5 将万用表的两表笔分别搭在插座的交流输出端。

充电器

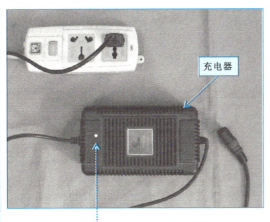

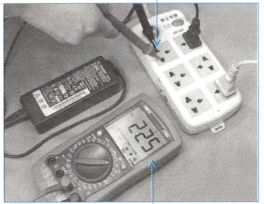

4 检查充电器的输入电压是否正常时,可以在给充电器通电后,检查指示灯是否正常点亮。

6 正常情况下,插座通电后可以输出交流220V电压,为充电器提供工作条件。

6.2.1 熔断器的检修方法

在充电器电路中,由于电流的波动比较大,熔断器内的熔丝很容易被烧坏,因此,在检测其他元器件之前,应先检测熔断器是否损坏。判断熔断器是否正常时,可利用万用表对熔断器的电阻值进行测量,通过观察电阻值的方法来判断熔断器是否损坏。

【熔断器的检测方法】

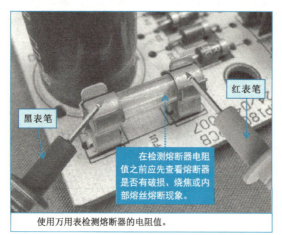

使用万用表检测熔断器的电阻值。　　　　　正常情况下,万用表测得的电阻值趋向于零。

特别提醒

如果测得数值为无穷大,则表明熔丝烧坏。引起熔丝烧坏的原因很多,但多数情况是充电器电路中有过载现象。这时应进一步检查电路,否则即使更换熔断器,也可能会烧断。在检测之前还可以先对其外观进行检查,观看其表面是否有破损、污物或内部熔丝熔断等现象,如外观一切正常,再使用万用表对熔断器的电阻值进行测量。

6.2.2 桥式整流电路的检修方法

若桥式整流电路损坏,则会造成充电器无输出电压的故障。在检修桥式整流电路时,可分别对4个整流二极管进行检测,即检测整流二极管的正、反向电阻值是否正常。正常情况下,整流二极管正向导通时,有一定的电阻值;反向截止时,电阻值应为无穷大。

【桥式整流电路的检测方法】

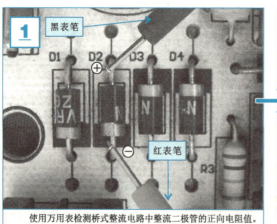

使用万用表检测桥式整流电路中整流二极管的正向电阻值。　　将万用表置于"R×1k"档,测得正向电阻值为6.5kΩ。

【桥式整流电路的检测方法（续）】

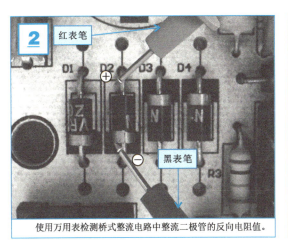

使用万用表检测桥式整流电路中整流二极管的反向电阻值。

将万用表量程调至"R×1k"档，测得反向电阻值为无穷大。

▶ 6.2.3 滤波电容器的检修方法

滤波电容器用于对桥式整流电路输出的+300 V直流电压进行滤波。当桥式整流电路正常，而+300 V直流电压不正常时，需要对该滤波电容进行检测。

【滤波电容器的检测方法】

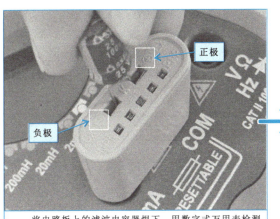

将电路板上的滤波电容器焊下，用数字式万用表检测电容器的电容量，根据实测电容量的大小与标称电容量比较判断好坏。

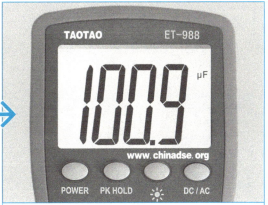

在正常情况下，检测滤波电容器的电容量为100.9μF，与该电解电容器的标称值基本相近或相符，表明该滤波电容器正常。

特别提醒

滤波电容器长期（3～5年）使用后，会出现"老化"现象，导致电容量下降，影响电气装置的工作。因此，及时发现电容器的老化程度，及时更换，防患于未然，是十分重要的。一般电容器的电容量比额定电容量下降10%之后，就应该予以更换。另外，若滤波电容器漏电严重，也会引起输出不正常的故障。此时可在不通电的情况下，使用万用表检测其电阻值，若指针摆动到一个角度后随即向回稍摆动一点，即并未摆回到较大的电阻值，则可以说明该滤波电容器漏电严重。

若指针达到的最大摆动幅度与最终停止时的角度小，则说明该滤波电容器漏电严重。

6.2.4 开关振荡集成电路的检修方法

若怀疑开关振荡集成电路损坏，则可在断电状态下，使用万用表对其各引脚的对地电阻值进行检测，然后将检测到的各引脚的电阻值与正常开关振荡集成电路各引脚的对地电阻值进行对比，判断开关振荡集成电路是否正常。

【开关振荡集成电路的检测方法】

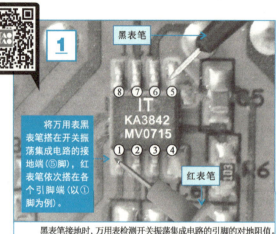

黑表笔接地时，万用表检测开关振荡集成电路的引脚的对地阻值。

将万用表量程调至"R×1k"档，测得电阻值为6.6kΩ。

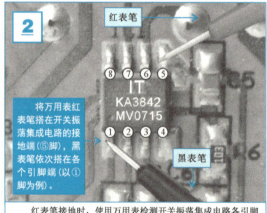

红表笔接地时，使用万用表检测开关振荡集成电路各引脚的对地阻值。

将万用表量程调至"R×1k"档，测得电阻值为8kΩ。

特别提醒

在对开关振荡集成电路进行检测之前，可先对各引脚的功能进行认识，通过引脚功能确认输入、输出及接地端等。

判断开关振荡集成电路本身性能是否正常时，可将检测到的各引脚的对地电阻值与性能良好的开关振荡集成电路各引脚的对地电阻值进行对比，若测量的结果偏差较大，则说明当前检测的开关振荡集成电路已损坏。

正常开关振荡集成电路各引脚对地电阻值见下表。

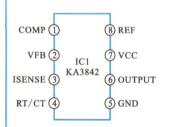

引脚	黑表笔接地 /kΩ	红表笔接地 /kΩ	引脚	黑表笔接地 /kΩ	红表笔接地 /kΩ
①	6.6	8	⑤	0	0
②	0	0	⑥	6.4	7.5
③	0.3	0.3	⑦	5	∞（外接电容器）
④	7.4	12	⑧	3.7	3.8

6.2.5 开关晶体管的检修方法

经排查，若怀疑开关晶体管损坏，则可在断电状态下，使用万用表检测开关晶体管三个引脚间的电阻值是否正常。若测量结果与正常数值差别较大，则说明该开关晶体管已损坏。

【开关晶体管的检测方法】

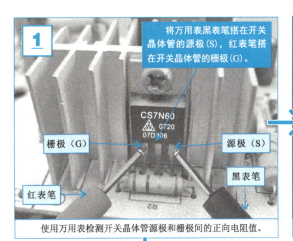

1 将万用表黑表笔搭在开关晶体管的源极(S)，红表笔搭在开关晶体管的栅极(G)。

使用万用表检测开关晶体管源极和栅极间的正向电阻值。

将万用表置于"R×1k"档，测得正向电阻值为5.2kΩ。

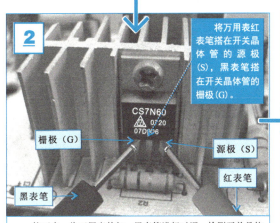

2 将万用表红表笔搭在开关晶体管的源极(S)，黑表笔搭在开关晶体管的栅极(G)。

接下来，将万用表的红、黑表笔进行对调，检测开关晶体管源极和栅极的反向电阻值。

测得开关晶体管源极和栅极间的反向电阻值为7.3kΩ。

特别提醒

如果检测到开关晶体管漏极和源极之间的正、反向电阻值偏差较大，则不能直接判断该开关晶体管损坏，也有可能是在通路检测时由外围元器件引起的偏差。此时应将该开关晶体管引脚焊点断开或焊下，在开路的状态下，利用上述方法再次检测，具体各引脚间的电阻值见下表。若测量结果仍不正常或与表中数据偏差较大，则可判断该开关晶体管可能击穿损坏。（下表电阻是利用指针式万用表进行测量的，表笔接法与数字式万用表接法相反）。

红表笔	黑表笔	电阻值/kΩ	红表笔	黑表笔	电阻值/kΩ
栅极（G）	漏极（D）	∞(外接电容)	源极（S）	栅极（G）	7.3
漏极（D）	栅极（G）	15.8	漏极（D）	源极（S）	4.3
栅极（G）	源极（S）	5.2	源极（S）	漏极（D）	∞(外接电容)

6.2.6 开关变压器的检修方法

开关变压器的好坏，一般可通过使用示波器检测二次信号波形来判断。也可采用感应法来判断：先将充电器与电源接通，再将示波器探头靠近开关变压器的磁心部分，在正常情况下，由于变压器一次侧的脉冲电压很高，所以通过绝缘层就可以感应到开关脉冲信号。由于开关振荡电路与交流市电的相线相连，因此在检测开关振荡电路的波形时，必须使用隔离变压器连接在充电器与市电之间，否则会有触电的危险。

【开关变压器的检测方法】

使用示波器检测开关变压器的振荡波形。

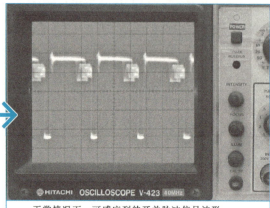

正常情况下，可感应到的开关脉冲信号波形。

特别提醒

不同型号及输出频率不同的开关变压器，检测时感应测得的开关脉冲信号波形不完全相同。一般若能够感应到规则的开关脉冲信号波形，则表明开关变压器及开关振荡集成电路均正常。

6.2.7 光耦合器的检修方法

光耦合器是由一个光敏晶体管和一个发光二极管构成的。若怀疑光耦合器损坏，则可分别检测其发光二极管和光敏晶体管的正、反向电阻值是否正常。

【光耦合器的检测方法】

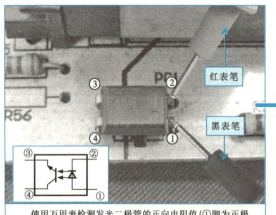

使用万用表检测发光二极管的正向电阻值（①脚为正极，②脚为负极）

将万用表置于"R×1k"档，测得正向电阻值为6.5kΩ。

> **特别提醒**
>
> 如上图所示，①脚与②脚为发光二极管引脚；③脚与④脚为光敏晶体管引脚。经测量，①脚与②脚的正向电阻值为6.5kΩ左右，反向电阻值为8kΩ左右；③脚与④脚的正、反向应有一定的电阻值，若测得其正、反向电阻值相同，则应查看电路板中光耦合器外围是否安装有其他元器件，如果有，则将光耦合器取下后再进行检测。

6.2.8 运算放大器集成电路的检修方法

运算放大器集成电路（AS324M-E1）主要用来检测电压以及充电器的工作状态。如果运算放大器集成电路损坏，则可在断电状态下，对其各引脚的对地阻值进行检测。

【运算放大器集成电路的检测方法】

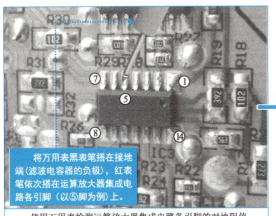

使用万用表检测运算放大器集成电路各引脚的对地阻值。

将万用表黑表笔搭在接地端（滤波电容器的负极），红表笔依次搭在运算放大器集成电路各引脚（以⑤脚为例）上。

将万用表置于"R×1k"档，测得对地阻值为8.8kΩ。

> **特别提醒**
>
> 运算放大器集成电路共14个引脚，且每一个引脚都有其规定的常规电阻值。上图所述以⑤脚为例，对其进行对地阻值的测量。正常情况下，黑表笔接地时，⑤脚对地阻值为8.8kΩ；红表笔接地时，⑤脚对地电阻值为17kΩ。若测得引脚的对地阻值与其对应的常规电阻值相差很大，则很可能是该运算放大器内部器件已损坏，需对它进行更换处理。
>
> 运算放大器集成电路（AS324M-E1）各引脚的对地阻值见下表（下表电阻是利用指针式万用表测量的，表笔接法与数字式万用表接法相反）。若测量结果与表中数值差别较大，则说明该运算放大器集成电路已损坏。

引脚	黑表笔接地 /kΩ	红表笔接地 /kΩ	引脚	黑表笔接地 /kΩ	红表笔接地 /kΩ
①	9.4	37.5	⑧	9	56
②	0.7	0.7	⑨	0.5	0.5
③	0.7	0.7	⑩	0.7	0.7
④	5	13.7	⑪	0	0
⑤	8.8	17	⑫	1.7	1.5
⑥	9	56	⑬	0.7	0.7
⑦	9.4	56	⑭	9.3	55

第7章
电动自行车电气部件的检修方法

7.1 电动自行车转把的检修方法

7.1.1 电动自行车转把的结构与工作原理

1. 转把的结构

转把通常安装在电动自行车的右手把上,用以控制电动自行车的行驶速度。大多数转把主要是由磁钢、霍尔元件、复位弹簧、传感线路和塑料外壳等构成的。

【转把的结构】

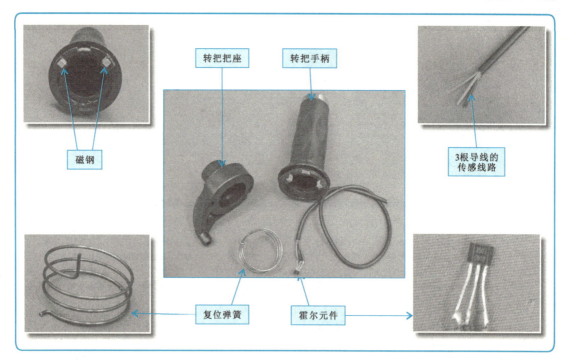

特别提醒

目前,随着电动自行车技术的不断发展,转把结构也比以往有了改进。现在的转把上通常还会设置一个定速开关,其主要作用是控制电动自行车在行驶过程中的定速行驶或加速行驶。

定速开关的作用是实现电动自行车在行驶过程中的定速行驶或加速行驶。

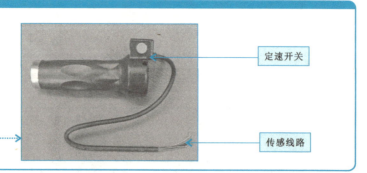

【转把把座和转把手柄的结构】

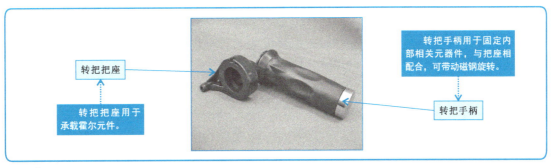

 2. 转把的工作原理

在电动自行车通电后,转把的作用是给控制器提供调速信号。控制器对该信号进行识别和处理后,输出相应的电动机驱动信号,从而实现对电动机转速的控制。

【转把的工作原理】

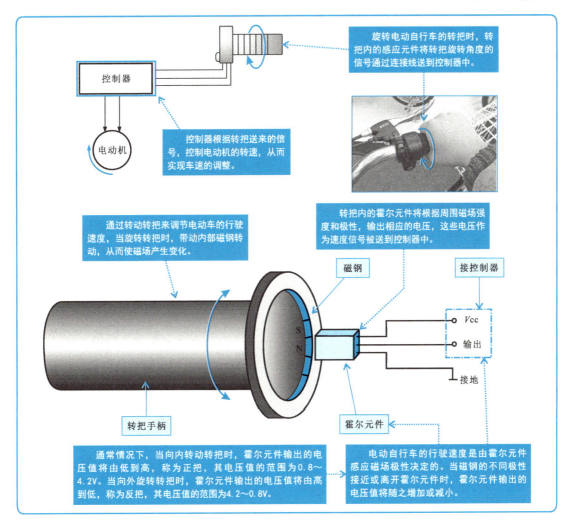

7.1.2 电动自行车转把的拆卸

若怀疑电动自行车的转把有故障,则需要先对转把进行拆卸,然后通过检测来判断转把是否损坏。在对转把进行拆卸时,应先确定该部件的固定方式,然后使用相应的工具进行拆卸。

【转把的拆卸方法】

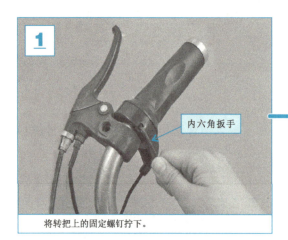

1. 将转把上的固定螺钉拧下。（内六角扳手）

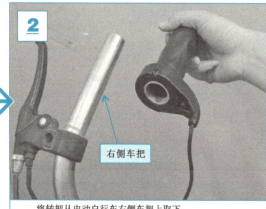

2. 将转把从电动自行车右侧车把上取下。（右侧车把）

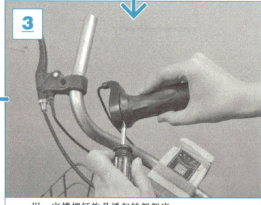

3. 用一字槽螺钉旋具撬起转把把座。

4. 将转把手柄与转把把座分离后,可看到磁钢与复位弹簧。（磁钢、复位弹簧）

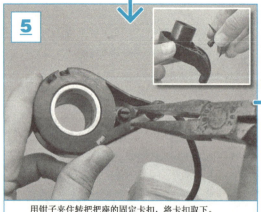

5. 用钳子夹住转把把座的固定卡扣,将卡扣取下。

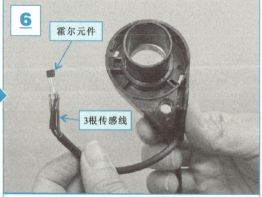

6. 打开转把把座,将霍尔元件及传感线取出。（霍尔元件、3根传感线）

▶ 7.1.3 电动自行车转把的检修

转把作为电动自行车的调速器件，若出现异常情况，将导致电动自行车无法正常变速。在检测转把时，首先要做好该部件的检测流程分析，然后在此基础上，对怀疑损坏的转把进行检测。

【转把的检测流程】

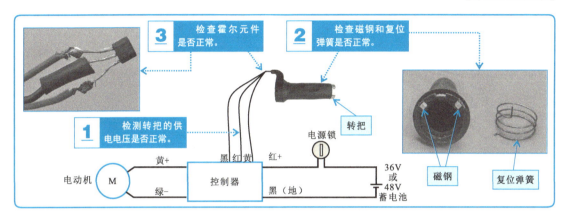

【转把供电电压的检测方法】

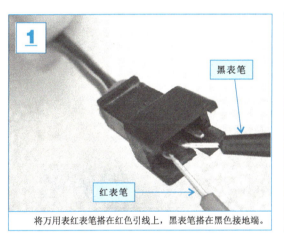

将万用表红表笔搭在红色引线上，黑表笔搭在黑色接地端。

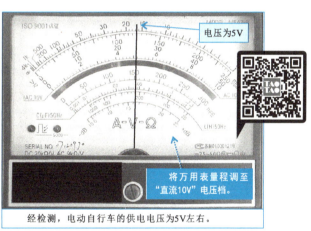

经检测，电动自行车的供电电压为5V左右。

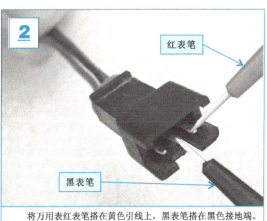

将万用表红表笔搭在黄色引线上，黑表笔搭在黑色接地端。

在转动转把时，电压在0.8～5V之间变化。

【磁钢和复位弹簧的检查方法】

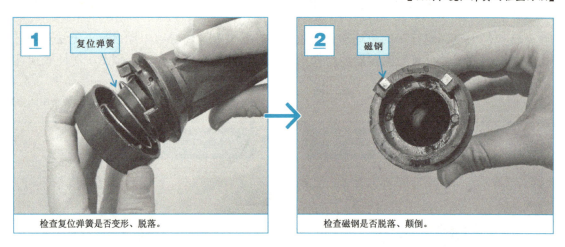

特别提醒

改变磁钢极性将会导致转把正把与反把颠倒。例如磁钢颠倒后，只要电动自行车接通电源，无须旋转转把，电动车就会以最大功率行驶，即出现飞车现象。磁钢的极性，可使用金属器件进行判断。

【霍尔元件的检测方法】

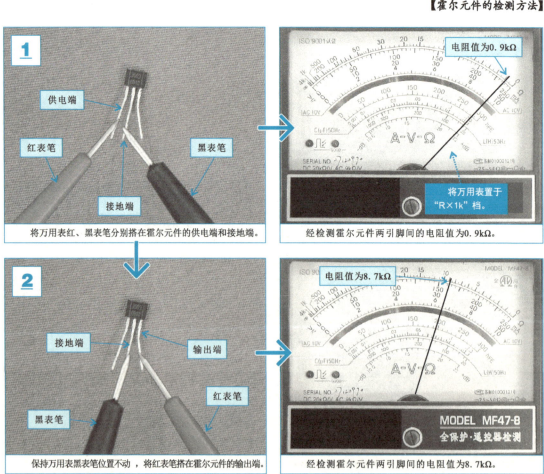

7.2 电动自行车助力传感器的检修方法

7.2.1 电动自行车助力传感器的结构与工作原理

助力传感器是一种感应器件,主要是在人力骑行电动自行车时用于控制电动机运转,减少人力骑行阻力。通常情况下,助力传感器安装在电动自行车右侧中轴的旁边。

【助力传感器在电动自行车中的安装位置】

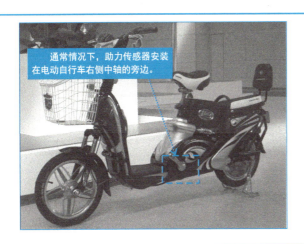

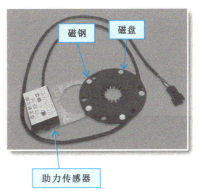

【助力传感器的结构】

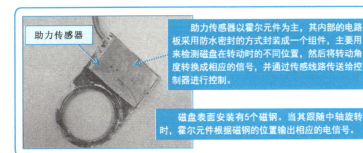

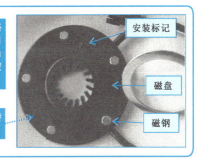

【助力传感器的工作原理】

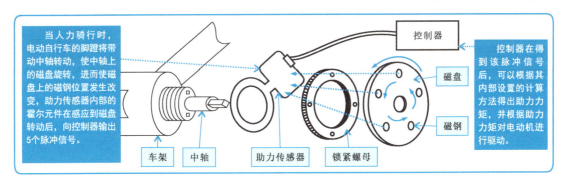

7.2.2 电动自行车助力传感器的检测

在人力骑行电动自行车的过程中，若感觉不到助力在起作用，则可初步判断为助力传感器出现故障，应重点对助力传感器及其相关部件进行检修。

检修助力传感器时，应先对接插件进行检测。若接插件正常，则应对助力传感器的磁钢以及安装位置等进行检查。

【助力传感器的检测方法】

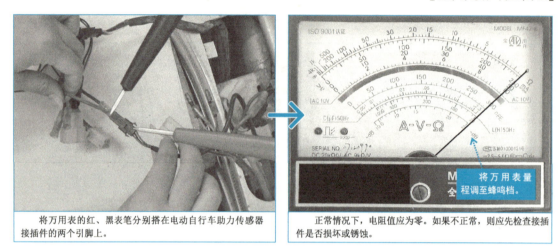

将万用表的红、黑表笔分别搭在电动自行车助力传感器接插件的两个引脚上。

正常情况下，电阻值应为零。如果不正常，则应先检查接插件是否损坏或锈蚀。

> **特别提醒**
>
> 若助力传感器正常，接下来应对磁盘上的磁钢以及传感器与磁钢之间的位置进行调整检查。调整完毕后若助力传感器还不能正常工作，则需要对其进行代换。

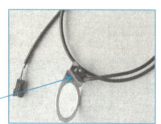

助力传感器

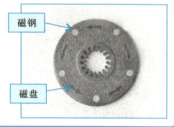

磁钢

磁盘

【磁钢及安装位置的检查方法】

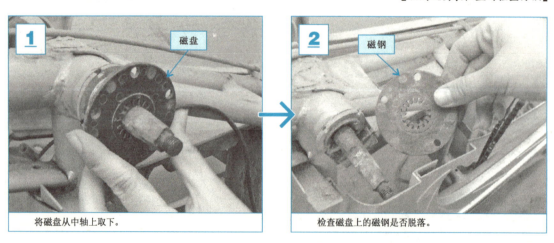

1 磁盘

将磁盘从中轴上取下。

2 磁钢

检查磁盘上的磁钢是否脱落。

【磁钢及安装位置的检查方法(续)】

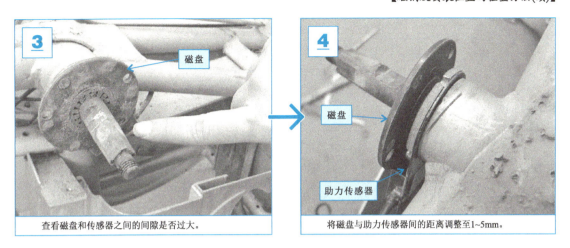

7.2.3 电动自行车助力传感器的代换

当助力传感器出现无法修复的故障时,应选用相同型号的助力传感器进行代换。

【助力传感器的代换方法】

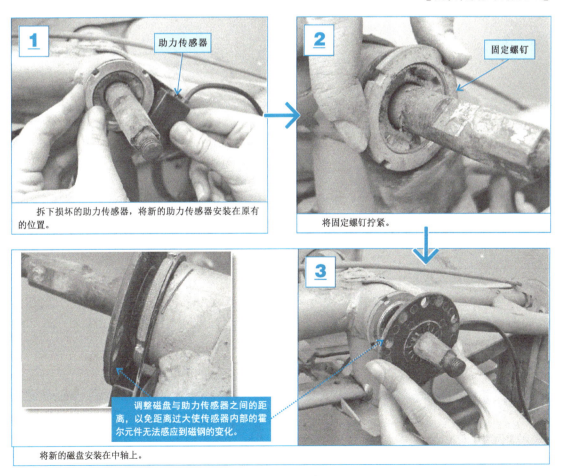

【助力传感器的代换方法(续)】

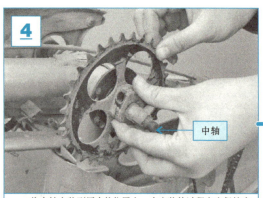

4 ←中轴

将中轴安装到原来的位置上，在安装的过程中应保持中轴垂直向内。

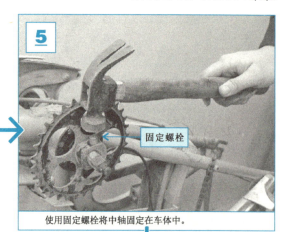

5 ←固定螺栓

使用固定螺栓将中轴固定在车体中。

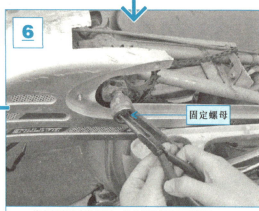

6 →固定螺母

将右侧脚蹬安装好后，将外侧的固定螺母拧紧。

7

最后将助力传感器与控制器的接插件连接完好。

8 扳手 固定螺母

使用扳手将固定螺母拧紧，进一步固定中轴。

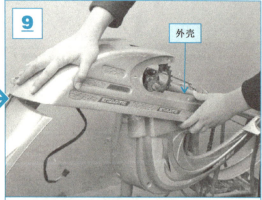

9 →外壳

将电动自行车的右侧外壳安装回原处。

特别提醒

在安装磁盘时，应将有磁钢的一面靠近助力传感器，若安装错误，则有可能导致助力传感器检测不到磁盘的信号。助力传感器与磁盘间的距离应保持为1～5mm，若距离过大，则助力传感器检测不到磁盘的信号。磁盘上的箭头方向应和电动自行车行驶的方向相同，若装反，则只有在反转时，助力传感器才会有信号。

7.3 电动自行车仪表盘的检修方法

7.3.1 电动自行车仪表盘的结构与工作原理

仪表盘是用于显示电动自行车当前状态的指示组合部件，一般安装在电动自行车的车把中间部位。电动自行车的仪表盘主要显示蓄电池的电量状态、整车速度、骑行状态、灯具状态等基本信息，以确保骑车人在骑行过程中了解电动自行车的运行状况。

【仪表盘的结构】

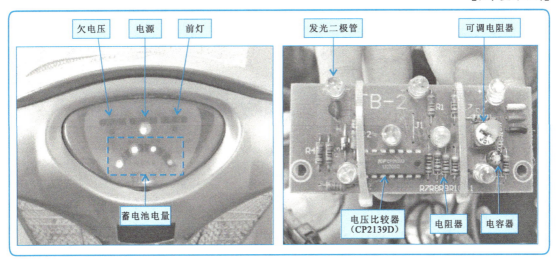

【仪表盘的工作原理】

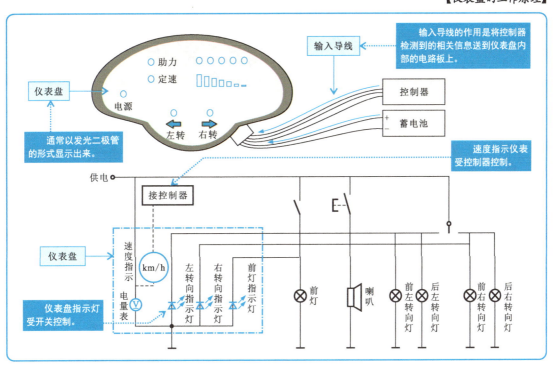

7.3.2 电动自行车仪表盘的检修

当电动自行车的仪表盘不能正常显示时，应对仪表盘进行检修。检修仪表盘时，可先在电动自行车通电的情况下进行检测。

【仪表盘供电情况的检测方法】

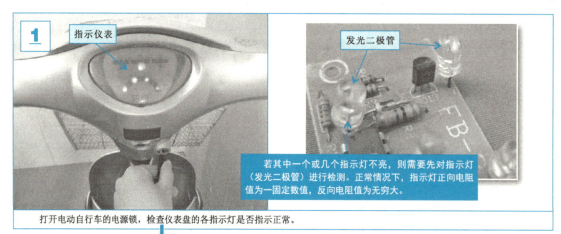

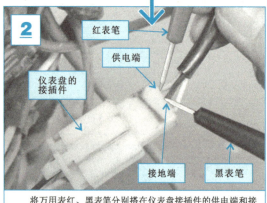

【仪表盘电压比较器的检测】

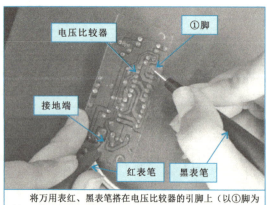

特别提醒

当仪表盘的供电正常而显示仍有故障时，可以重点对仪表盘电路板中的主要元器件进行检修，如发光二极管、电压比较器等。电压比较器是显示电路中的主要器件。在断电情况下，可使用万用表检测电压比较器各引脚的对地电阻值，通过对电阻值的检测来判断电压比较器是否正常。电压比较器（CP2139D）各引脚间的对地电阻值见下表。（下表电阻是利用指针式万用表进行测量的，表笔接法与数字式万用表接法相反。）

引脚号	黑表笔接地/kΩ	红表笔接地/kΩ	引脚号	黑表笔接地/kΩ	红表笔接地/kΩ
①	7.5	9	⑧	6	6.3
②	8	∞	⑨	2	2
③	7.5	8.5	⑩	6.5	6.5
④	6.5	7	⑪	3	2
⑤	2	2	⑫	0	0
⑥	6	6	⑬	8	∞
⑦	2	2	⑭	8	∞

【仪表盘的代换方法】

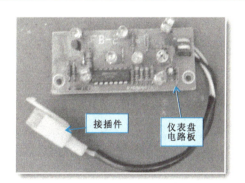

将固定仪表盘电路板的螺钉取下后，即可看到该电路板。

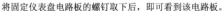

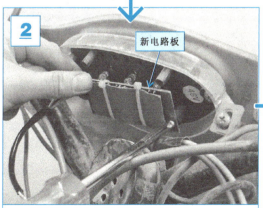

将需要更换的仪表盘电路板安装到车体中。

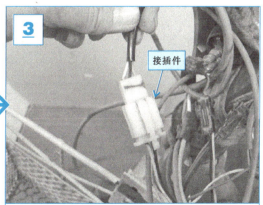

将仪表盘电路板的接插件与控制器的接插件连接牢固。

7.4 电动自行车其他电气部件的检修方法

7.4.1 电动自行车车灯的检修方法

1. 车灯的安装位置

电动自行车的车灯是要为骑车人提供照明的,主要包括前、后灯和左、右转向灯。

【车灯的安装位置】

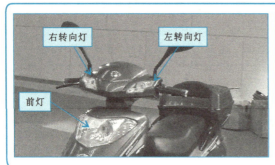

2. 车灯的工作原理

电动自行车车灯的供电电路主要采用并联方式,通常由电动自行车左、右车把上的控制开关控制车灯的亮灭。

【车灯的工作原理】

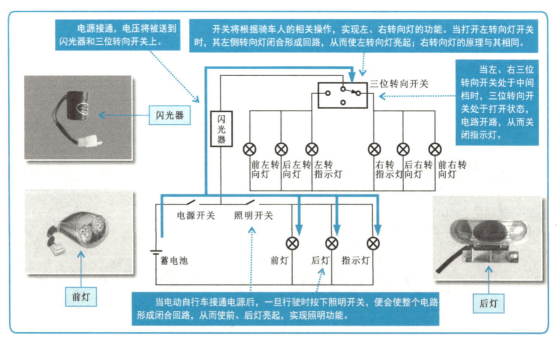

3. 车灯的检修

当怀疑车灯损坏时,应先给电动自行车通电,然后闭合车灯电源开关,检查车灯是否正常,若不正常,则应对开关、灯泡以及连接引线等进行检修。

【车灯的检修方法】

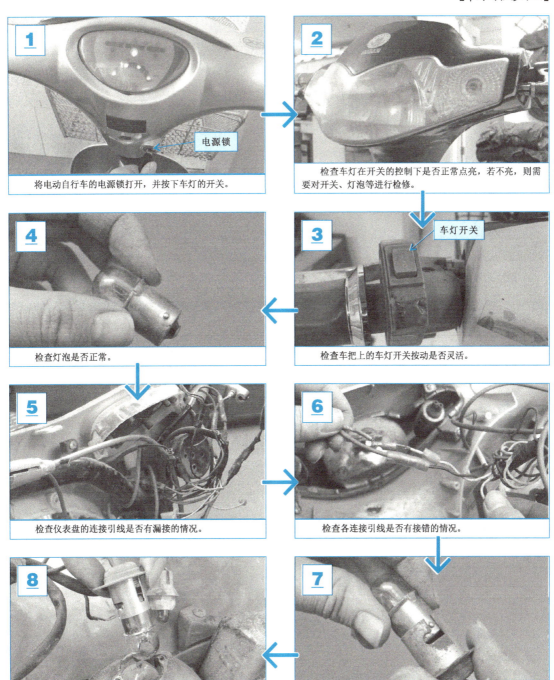

7.4.2 电动自行车喇叭的检修方法

1. 喇叭的结构原理

电动自行车的喇叭是一种提醒装置，通常与转向灯安装在一起，称为三合一喇叭，即可以实现报警、转向和提醒功能。

三合一喇叭有5根线，分别是电源正极（红）、电源负极（黑）、喇叭（黄）、电源锁（蓝）、转向开关（棕/灰）。打开电源锁后按喇叭控制开关，即可启动报警系统，使电动自行车进入报警状态。

【喇叭的结构原理】

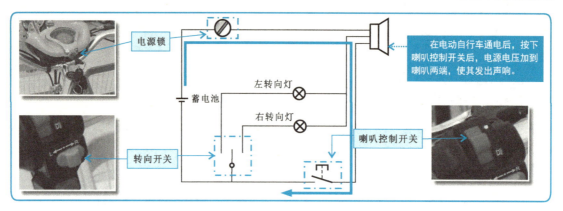

特别提醒

四合一喇叭与三合一喇叭的构造基本相同，区别是在三合一喇叭的基础上加装了倒车语音功能。由于不同电动自行车蓄电池的供电电压不同，为向喇叭提供其所需要的电压参数（常用喇叭所需要的电压参数有12V、36V和48V等几种），通常还会在该电路中设置直流转换器，将蓄电池输出的电压转换成喇叭所需要的电压参数。

2. 电动自行车喇叭的检查代换

电动自行车的喇叭一般安装在电动自行车的前外壳内，靠近前灯的位置。因为引起喇叭不响的原因主要是喇叭自身故障或电源电路故障，所以其检修方法十分简单。当喇叭损坏而无法修复时，需要对喇叭进行代换。

【喇叭的检查代换】

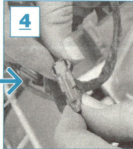

1. 首先检查喇叭控制开关是否能正常按下，若不正常，则需要对其进行更换。
2. 若喇叭控制开关正常，则可能是喇叭本身损坏，应对损坏的喇叭进行代换。
3. 拆下损坏的喇叭后，将性能良好的喇叭安装在车身中，并进行固定。
4. 连接喇叭的连接引线，并固定牢靠。

7.4.3 电动自行车报警系统的检修方法

1. 报警系统的工作原理

电动自行车的报警系统是一种安全装置，在工作中由电动自行车的蓄电池供电。在使用遥控器接通报警电路后，按动喇叭控制开关启动报警系统，在出现振动等异常情况时，报警系统控制喇叭发出报警声并锁定电动机。

【报警系统的工作原理】

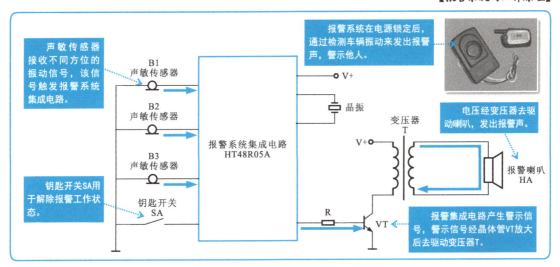

2. 报警系统的代换

报警系统损坏时需要代换，在代换时应注意报警系统的插头方向，以免接错。

【报警系统的代换】

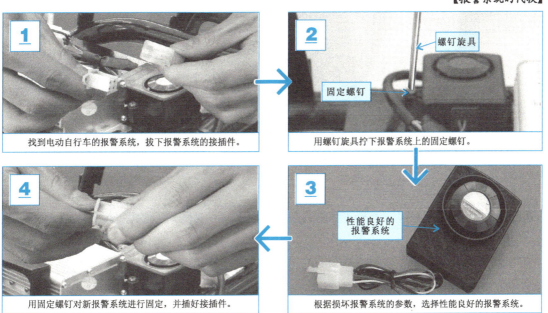

7.4.4 电动自行车闸把的检修方法

1. 闸把的结构

电动自行车的闸把是电动自行车车闸的操作控制部分。不论哪种类型的电动自行车，其闸把都安装在前车把上，左、右各一个。

【闸把的结构】

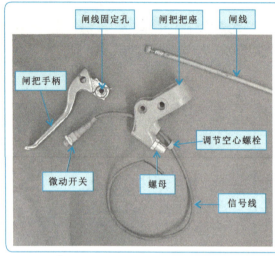

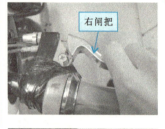

2. 闸把的工作原理

在电动自行车在正常行驶过程中握下闸把时，闸把首先向控制器发出一个制动转换信号，控制器接收到该信号后，停止对电动机的供电，从而使电动机停止转动，实现制动功能；同时由闸线带动车闸进行机械制动。

【闸把的工作原理】

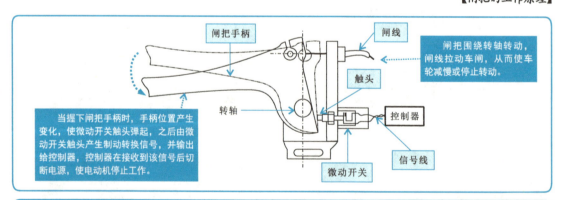

> **特别提醒**
>
> 电子闸把是通过闸把内部的霍尔元件来实现制动功能的。其主要原理与电动自行车转把相同。电子闸把内部包含一个霍尔元件和磁钢。在正常行驶过程中，霍尔元件与磁钢接近，使霍尔元件无输出信号。一旦握住闸把进行制动操作时，其手柄位置就会产生变化，使其内部磁钢所产生的磁场强度发生改变，霍尔元件根据感应到的磁场强度的不同，向控制器输出制动转换信号，使电动机停止工作。
>
> 有些电动自行车的闸把只具有机械制动功能，并不能将制动信号传送给控制器，因此在使用该类型的闸把时，应注意对其进行调整，以使电动机的转速在制动时能够正常下降。

3.闸把的检修

闸把作为电动自行车的制动控制器件,若出现异常情况,则会导致电动自行车无法正常制动。在检修闸把前,首先要做好闸把的检修流程分析,然后在此基础上,对损坏的闸把进行检修。

【闸把的检修流程】

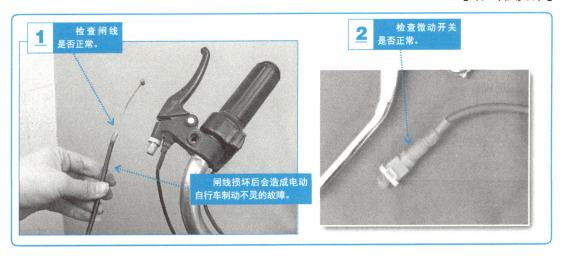

特别提醒

闸把是电动自行车进行制动的主要控制部件。若闸把本身的性能不良或部分元器件出现故障,则可能导致电动自行车无法正常制动。当电动自行车出现该类故障时,应重点对闸把中的关键部件进行检查。

闸把故障可能是由机械原因引起的,也可能是由电子元器件损坏引起的,因此,应根据不同的原因查找故障部位。

【闸线的检查方法】

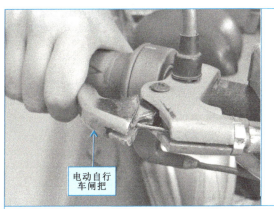 

向后扳动闸把,通过扳动的力度判断闸把是否断裂,或者通过闸把手柄与闸把座之间的空隙观察闸线是否有断裂、老化等现象。

特别提醒

闸线是闸把进行机械制动的主要部件之一。若该部分损坏,则会使电动自行车无法进行机械制动。在对闸线进行检查时,主要是检查闸线是否出现断裂、老化等现象。

微动开关将制动信号转换成电信号送到控制器中，由控制器切断电动机的供电，实现制动的目的。若该部分损坏，则会造成电动自行车制动不灵、松开闸把出现飞车等现象。在对微动开关进行检查时，主要是检查微动开关的触头动作是否灵活、性能是否良好。

【微动开关的检查方法】

1

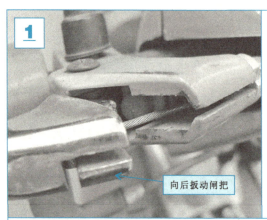

向后扳动闸把

微动开关

将闸把向后扳动后，可以看到里面的微动开关触头，检查其动作是否灵活。

2

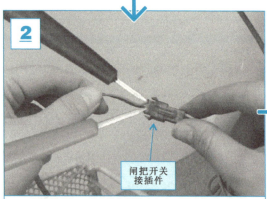

闸把开关接插件

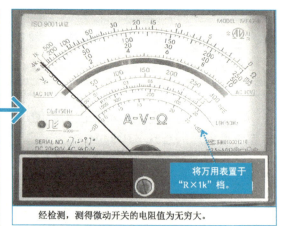

将万用表置于"R×1k"档。

将万用表红、黑表笔分别搭在闸把开关接插件两引脚端，并扳动闸把。

经检测，测得微动开关的电阻值为无穷大。

3

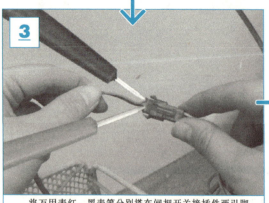

将万用表红、黑表笔分别搭在闸把开关接插件两引脚端，并放开闸把。

经检测，在放开闸把的状态下，测得微动开关的电阻值为零。

第8章
电动自行车维修综合案例

8.1 电动自行车控制失常维修案例

8.1.1 电动自行车速度失控故障的检修

1. 故障表现

一辆电动自行车接通电源后，电动机（36V有刷）便高速运转，其速度不受转把的调速控制。

【电动自行车速度失控故障的表现】

2. 故障分析

电动自行车速度失控故障也称为飞车故障。根据维修经验，引起电动自行车速度失控的原因如下：（1）转把损坏；（2）控制器内部有损坏的元器件。

【电动自行车速度失控故障的检修方案】

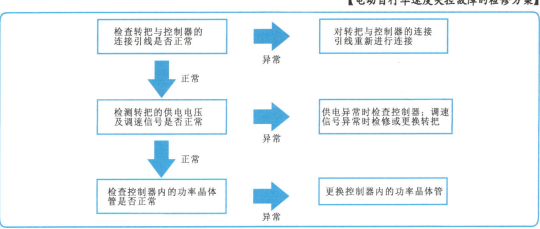

3. 故障检修

接下来根据故障分析逐步对关键检测点进行检查，查找出损坏的部位后，再对损坏的元器件进行代换。

【电动自行车速度失控故障的检修】

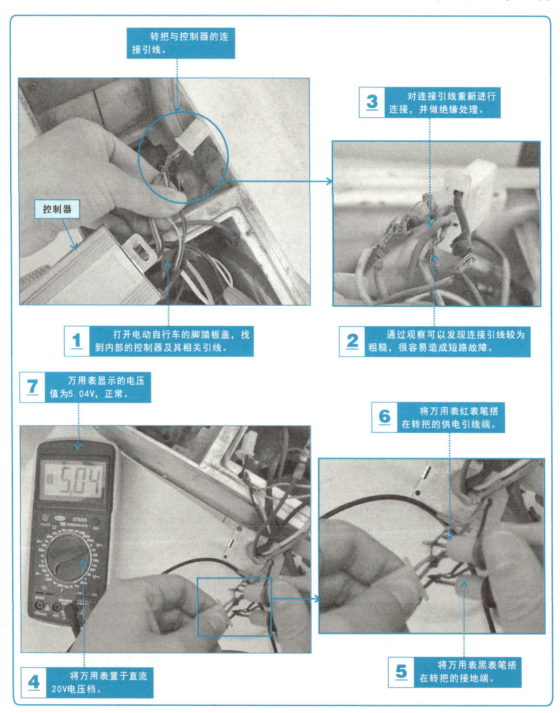

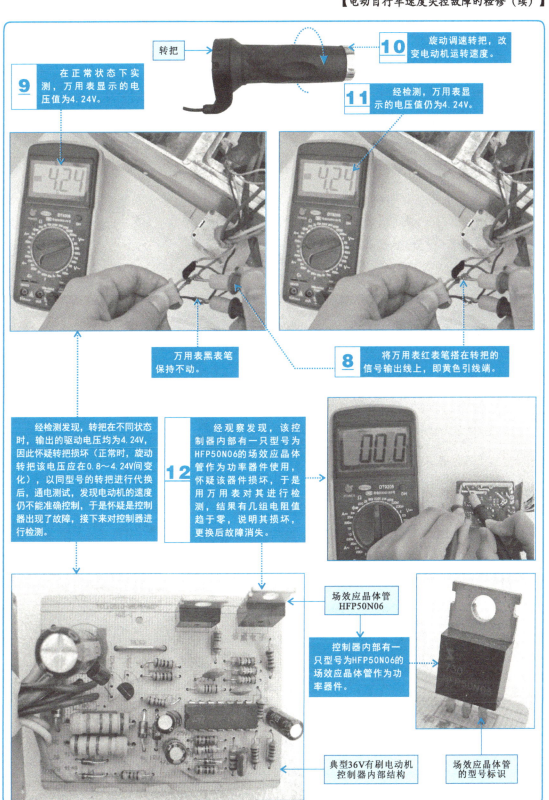

8.1.2 电动自行车速度缓慢且驱动无力故障的检修

1. 故障表现

一辆电动自行车打开电源锁后，转动转把，电动机（48V无刷）转动无力，骑行时动力明显不足。

2. 故障分析

电动自行车行驶速度缓慢且驱动无力，属于典型的动力不足故障。引起该故障的主要原因如下：（1）电动机绕组断路；（2）电动机霍尔元件损坏；（3）蓄电池电量不足；（4）电动自行车转把异常。

3. 故障检修

接下来根据故障分析逐步对关键检测点进行检查，查找出损坏的部位后，再对损坏的元器件进行代换。

【电动自行车速度缓慢且驱动无力故障的检修】

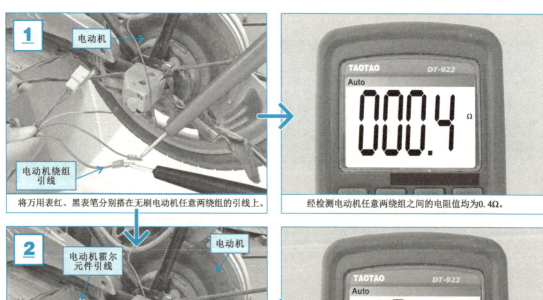

① 将万用表红、黑表笔分别搭在无刷电动机任意两绕组的引线上。

经检测电动机任意两绕组之间的电阻值均为0.4Ω。

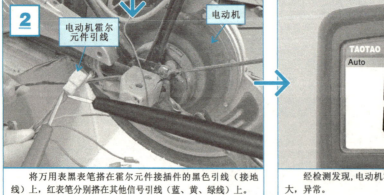

② 将万用表黑表笔搭在霍尔元件接插件的黑色引线（接地线）上，红表笔分别搭在其他信号引线（蓝、黄、绿线）上。

经检测发现，电动机霍尔元件信号端对地电阻值均为无穷大，异常。

【电动自行车速度缓慢且驱动无力故障的检修（续）】

电动机主轴

电动机霍尔元件连接引线

电动机霍尔元件连接引线断裂。

检查发现电动机霍尔元件引线从主轴中伸出的部分有严重磨损、断路情况，重新连接并做绝缘后再次检测，发现有2只霍尔元件信号线对地线的电阻值正常，另外1只的电阻值为无穷大，怀疑该霍尔元件损坏，导致无刷电动机缺相，转动无力。

拆卸电动机，找到霍尔元件以及印制电路板。

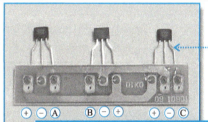

3只霍尔元件的安装方向不同，左右两个霍尔元件型号面朝上，中间霍尔元件的无字一面朝上。

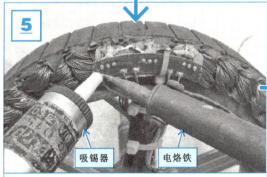

吸锡器　电烙铁

用电烙铁将霍尔元件从印制电路板上焊下。

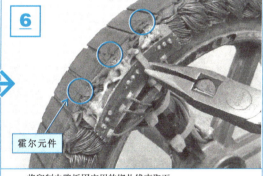

霍尔元件

将印制电路板固定用的绑扎线束取下。

将新的3只霍尔元件安装到原霍尔元件安装槽中，重新焊接，完成代换。电动自行车通电试车，故障消失。

将霍尔元件从固定槽中取出，剪断霍尔元件引脚，取下损坏的霍尔元件。

8.1.3 电动自行车行驶中颠簸后突然飞车故障的检修

1. 故障表现

一辆电动自行车（48V无刷电动机）在行驶中，因道路不平严重颠簸了一下，便突然加速，转把调速失效，出现飞车故障，切断电源锁可停机，但一接通电源就飞车。

2. 故障分析

根据故障表现可知，这辆电动自行车开始行驶正常，是在一次突然颠簸后才出现的故障，因此推断原因可能是颠簸导致的部件异常。

根据维修经验，电动自行车出现飞车故障的原因主要有两种：一种是转把负极脱落或接触不好；另一种是控制器内功率晶体管击穿损坏。但由于控制器内功率晶体管击穿损坏引发的飞车故障多发生在有刷电动自行车中，无刷电动自行车在控制器功率晶体管击穿损坏后不会出现飞车故障。因此将故障点锁定在电动自行车的转把及引线部分。

3. 故障检修

接下来根据故障分析逐步对关键检测点进行检查，查找出损坏的部位后，再对损坏的元器件进行代换。

【电动自行车行驶中颠簸后突然飞车故障的检修】

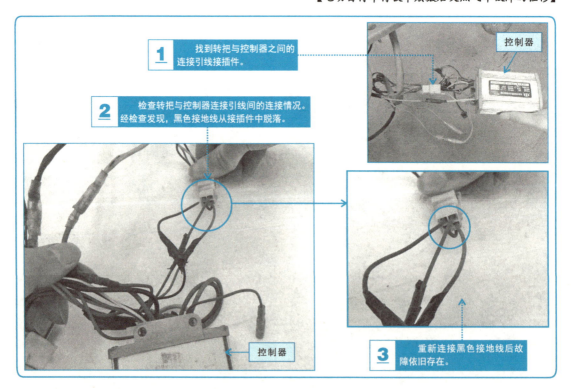

【电动自行车行驶中颠簸后突然飞车故障的检修（续）】

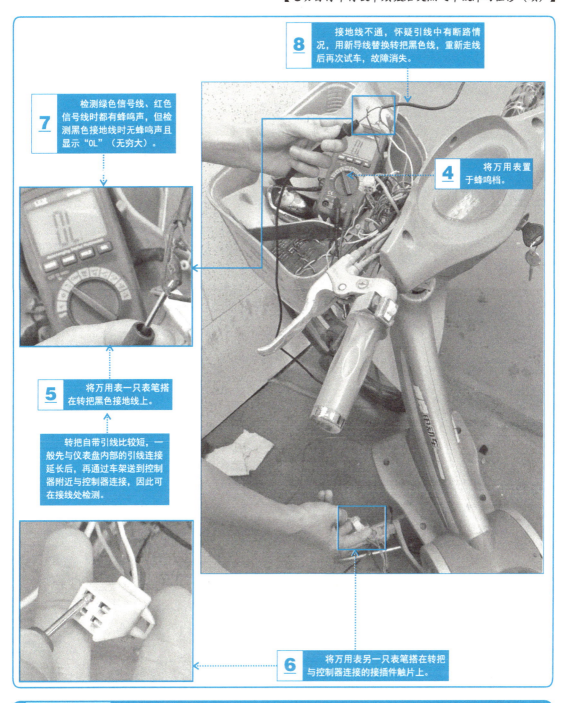

8 接地线不通，怀疑引线中有断路情况，用新导线替换转把黑色线，重新走线后再次试车，故障消失。

7 检测绿色信号线、红色信号线时都有蜂鸣声，但检测黑色接地线时无蜂鸣声且显示"OL"（无穷大）。

4 将万用表置于蜂鸣档。

5 将万用表一只表笔搭在转把黑色接地线上。

转把自带引线比较短，一般先与仪表盘内部的引线连接延长后，再通过车架送到控制器附近与控制器连接，因此可在接线处检测。

6 将万用表另一只表笔搭在转把与控制器连接的接插件触片上。

特别提醒

检修故障时发现，转把黑色线露出的部分有明显拉伤，怀疑是电动自行车在颠簸时，路面上凸出的硬物将转把接地线挂伤，进而导致了飞车故障。因此，在骑行电动自行车时，应尽量避免在不平整的道路上行驶，以防出现突发情况。

另外，目前很多电动自行车的无刷控制器中设有转把通电防飞车保护功能和转把运行防飞车功能，即在转把接地线脱开后，接通电源锁，控制器不会起作用，此时电动机不转。在这种情况下，虽然故障表现不同，但是引发的故障原因却相同。维修人员应能够在检修中注意总结和积累经验，提高维修技能。

8.1.4 电动自行车转速异常后屡烧控制器功率晶体管故障的检修

1. 故障表现

一辆电动自行车（有刷电动机）在行驶时出现电动机转速异常的情况。为防止故障扩大，用户及时制动断电，检查后发现，控制器内的功率晶体管已经处于击穿状态，更换该功率晶体管后，开始正常，但骑行一段时间后，又出现转速异常情况，特别是在制动频率较高时又将功率晶体管击穿。

2. 故障分析

在电动自行车控制电路中一般设有功率晶体管的过电流保护电路，当电动机出现瞬间电流过大时，会启动过电流保护电路，自动保护功率晶体管。由于该电动自行车屡烧功率晶体管，因此怀疑过电流保护电路异常。

【电动自行车有刷电动机控制器过电流保护电路部分原理图】

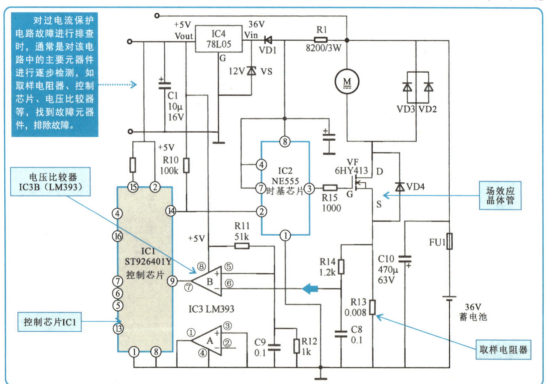

> **特别提醒**
>
> 当电动机正常运转时，取样电阻器R13上的电压通过电阻器R14加载到集成电路内电压比较器IC3B的⑥脚；同时，经三端稳压器IC4输出的+5V电压经电阻器R11和R12分压后形成基准电压，加到电压比较器IC3B的⑤脚。由于IC3B⑤脚的电位高于⑥脚的电位，因此其⑦脚输出高电平，加到控制芯片IC1的⑨脚，经芯片内部电路识别后，不改变控制芯片IC1的工作状态，电动机正常运转。
>
> 当电动机运转出现异常而引起VF过电流时，取样电阻器两端的电压增大，使IC3B的⑤脚电位低于⑥脚电位，⑦脚输出低电平，并加到控制芯片IC1的⑨脚，经芯片内部电路检测后，切断⑦脚的输出，电动机停止运转，实现过电流保护功能。

3. 故障检修

接下来根据故障分析逐步对关键检测点进行检查，查找出损坏的部位后，再对损坏的元器件进行代换。

【电动自行车转速异常后屡烧控制器功率晶体管故障的检修】

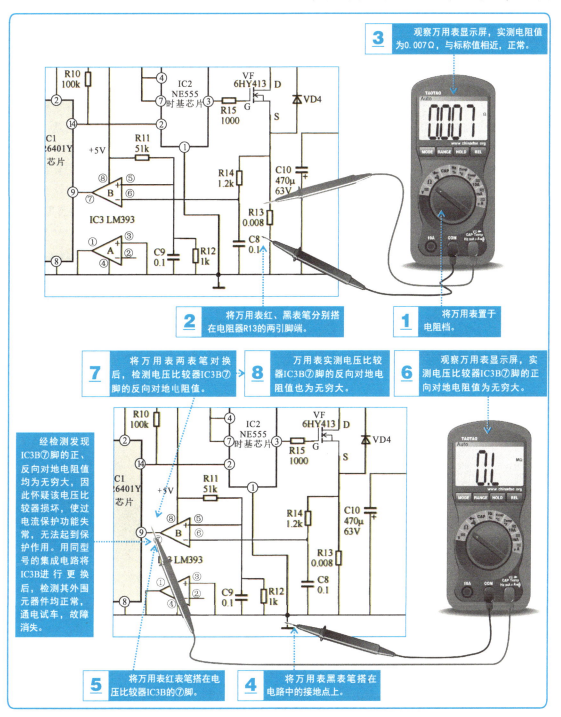

8.1.5 电动自行车转把突然失灵故障的检修

 1. 故障表现

一辆电动自行车（48V无刷电动机）在行驶过程中，转把突然失灵，加速和减速均不起作用，但仪表盘显示正常，喇叭、车灯也正常。

 2. 故障分析

根据故障表现可知，仪表盘显示正常，喇叭和车灯也正常。根据这些部件在整车电气线路中的关系可知，这些部件均由蓄电池直接供电，由此说明蓄电池部分正常。与转把相关的部件主要有转把本身、控制器和电动机。转把将调速信号送入控制器中，经控制器识别处理后输出电动机的驱动信号。因此转把突然失灵，可能的原因主要有转把本身损坏、控制器损坏或电动机损坏。

【电动自行车整车电气接线图】

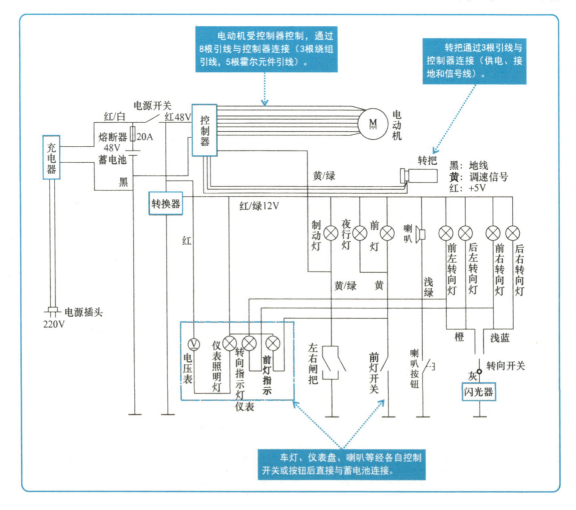

3. 故障检修

接下来根据故障分析逐步对关键检测点进行检查，查找出损坏的部位后，再对损坏的元器件进行代换。

【电动自行车转把突然失灵故障的检修】

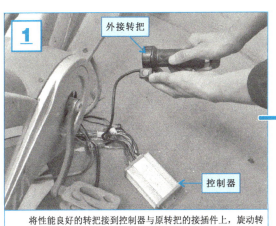

将性能良好的转把接到控制器与原转把的接插件上，旋动转把，检查电动机的起动、变速情况，正常，说明原转把损坏。

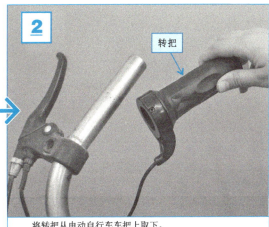

将转把从电动自行车车把上取下。

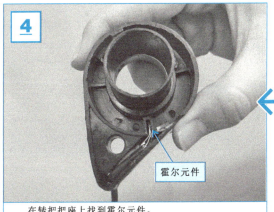

在转把把座上找到霍尔元件。

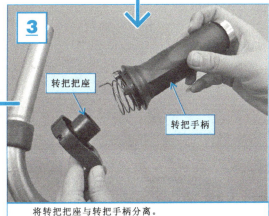

将转把把座与转把手柄分离。

将万用表红、黑表笔分别搭在转把霍尔元件的信号端和接地端上。

测得信号端与接地端的电阻值为无穷大，说明霍尔元件损坏，更换霍尔元件后，重装转把，试车，故障消失。

8.1.6 电动自行车制动时加速运行故障的检修

1. 故障表现

电动自行车行驶过程正常，但是在制动时，电动机不但没有停止转动，反而加速运行。

2. 故障分析

电动自行车出现制动时加速运行故障的原因如下：（1）闸把输出电压异常；（2）电动机供电系统异常；（3）控制器控制失常。可逐步进行检测，找到有故障的元器件，排除故障。

3. 故障检修

接下来根据故障分析逐步对关键检测点进行检查，查找出损坏的部位后，再对损坏的元器件进行代换。

【电动自行车制动时加速运行故障的检修】

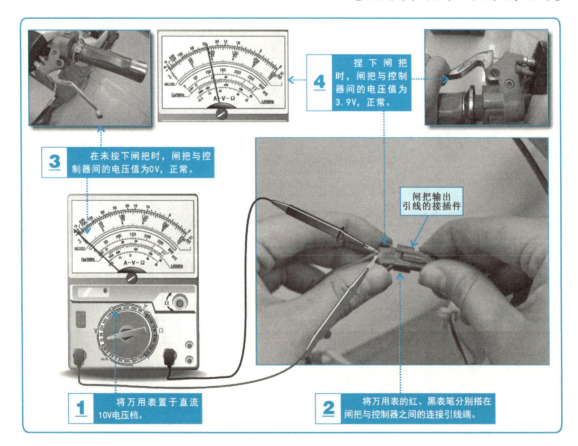

【电动自行车制动时加速运行故障的检修（续）】

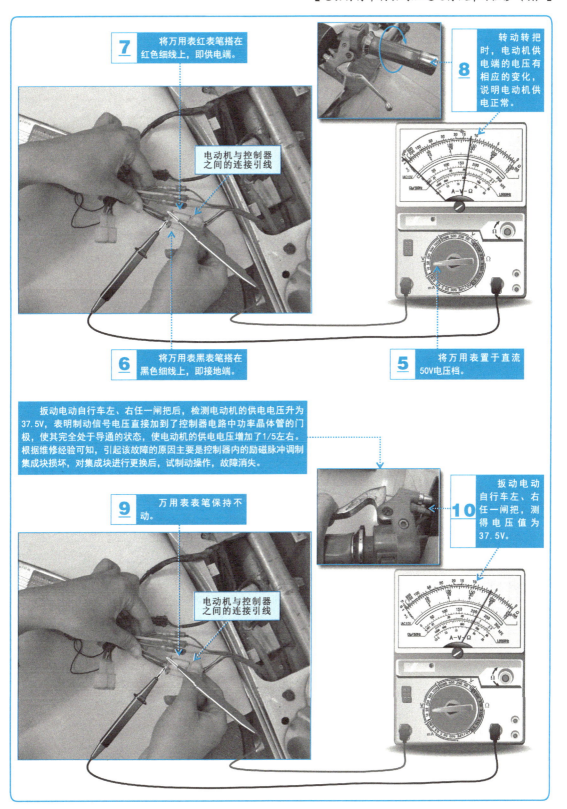

7 将万用表红表笔搭在红色细线上，即供电端。

8 转动转把时，电动机供电端的电压有相应的变化，说明电动机供电正常。

电动机与控制器之间的连接引线

6 将万用表黑表笔搭在黑色细线上，即接地端。

5 将万用表置于直流50V电压档。

扳动电动自行车左、右任一闸把后，检测电动机的供电电压升为37.5V，表明制动信号电压直接加到了控制器电路中功率晶体管的门极，使其完全处于导通的状态，使电动机的供电电压增加了1/5左右。根据维修经验可知，引起该故障的原因主要是控制器内的励磁脉冲调制集成块损坏，对集成块进行更换后，试制动操作，故障消失。

9 万用表表笔保持不动。

电动机与控制器之间的连接引线

10 扳动电动自行车左、右任一闸把，测得电压值为37.5V。

8.1.7 电动自行车起动突跳故障的检修

1. 故障表现

一辆有刷电动自行车（有刷电动机），打开电源锁，缓慢旋动转把时，在起动的瞬间出现向前突然加速的现象，即出现起动突跳的故障。

2. 故障分析

电动自行车起动突跳，表明其电动机在短时间内出现通电、断电又通电的动作。其常见的故障原因之一是蓄电池电压不足。在电动自行车起步瞬间，电流较大，使蓄电池输出电压下降，控制器起动欠电压保护功能，电动机断电，在电动机断电后蓄电池电压回升，电动机又开始工作，由此引起突跳故障。另一种原因是电动机供电引线断线或接触不良。

3. 故障检修

接下来根据故障分析逐步对关键检测点进行检查，查找出损坏的部位后，再对损坏的元器件进行代换。

【电动自行车起动突跳故障的检修】

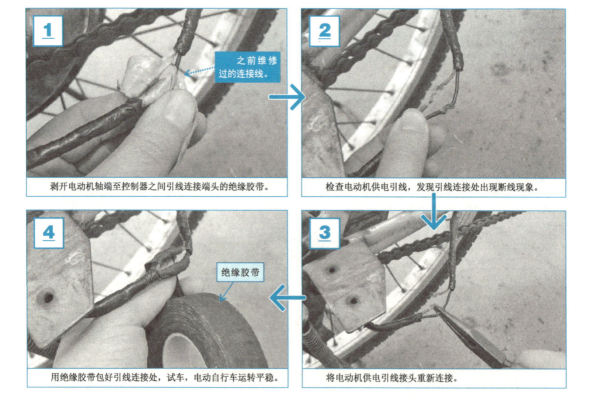

1. 剥开电动机轴端至控制器之间引线连接端头的绝缘胶带。（之前维修过的连接线。）
2. 检查电动机供电引线，发现引线连接处出现断线现象。
3. 将电动机供电引线接头重新连接。
4. 用绝缘胶带包好引线连接处，试车，电动自行车运转平稳。（绝缘胶带）

8.1.8 电动自行车起步困难需加外力才能起动故障的检修

 1. 故障表现

一辆电动自行车（48V无刷电动机），打开电源锁，转动转把时电动机抖动、不转，用手转动一下后轮（电动机）后，电动机能够起动运转，但转速明显偏低，行驶无力。

 2. 故障分析

根据故障表现可知，该电动自行车属于明显动力不足故障。一般情况下，电动自行车动力不足的原因主要有三个：蓄电池电量不足、控制器输出缺相、电动机霍尔元件缺相。

排查故障时，一般根据"先电源后负载"的原则进行排查，即先检查蓄电池电量是否充足，在确认蓄电池电量正常后，再对控制器和电动机进行检查。

 3. 故障检修

接下来根据故障分析逐步对关键检测点进行检查，查找出损坏的部位后，再对损坏的元器件进行代换。

【电动自行车起步困难需加外力才能起动故障的检修】

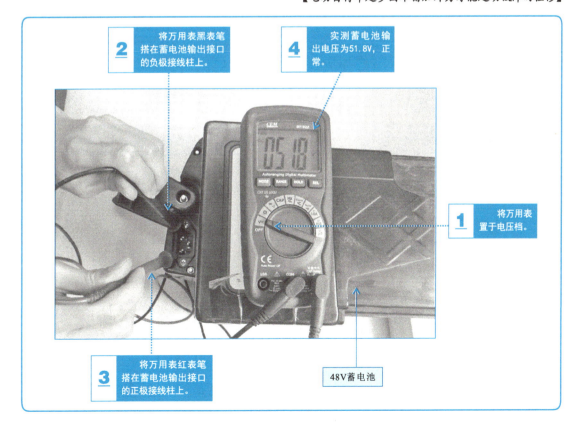

【电动自行车起步困难需加外力才能起动故障的检修（续）】

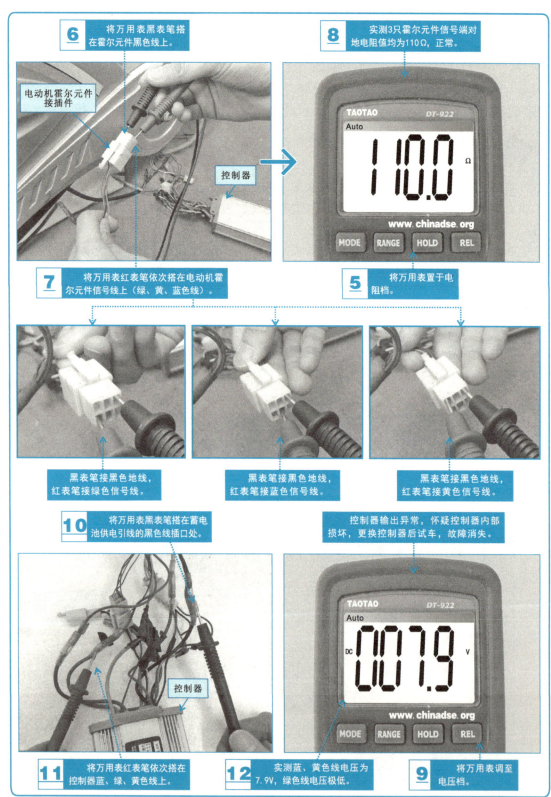

8.2 电动自行车电源及充电异常维修案例

8.2.1 电动自行车充电器输出电压过高故障的检修

1. 故障表现

用邦德·富士达牌充电器对蓄电池进行充电时,输出电压过高,充电器不能进入浮充状态。

2. 故障分析

充电器输出电压过高是充电器较普遍的故障。该类故障主要是由稳压控制电路异常引起的,应重点检查输出电压取样电路和开关振荡电路。

【邦德·富士达牌充电器电路原理图】

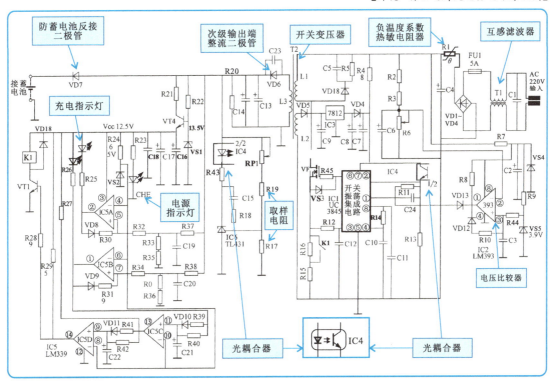

> **特别提醒**
>
> 该充电器电路的大体充电过程:交流220V电压经互感滤波器T1、熔断器FU1后送入桥式整流电路VD1~VD4进行整流,输出约300V直流电压,再经滤波电容C4滤波后,经起动电阻R4加到开关振荡集成电路IC1(UC3845)的⑦脚,为IC1提供起动电压。同时,300V直流电压经开关变压器T2的一次绕组L1加到开关晶体管VT2的漏极,开关晶体管的源极经R15、R16接地,栅极受开关振荡集成电路IC1的⑥脚控制。IC1的⑦脚接收到起动电压后,其内部的振荡器起振,IC1的⑥脚输出开关振荡信号,使开关晶体管VT2开始振荡,由此使开关变压器T2的一次绕组中产生开关电流。
>
> 开关变压器T2的二次绕组L2输出脉冲电压经VD5整流、三端稳压器IC3(7812)稳压、C8和C7滤波后,一路作为正反馈电压加到IC1的⑦脚,另一路加到光耦合器IC4中,为光敏晶体管供电。
>
> 开关变压器T2的二次绕组L3输出开关脉冲信号,该交流信号经二极管VD6整流、C13和C14滤波后输出直流稳定的电压,为电动自行车的蓄电池进行充电。
>
> 除此之外,运算放大器IC5(LM339)及外围电路构成其电压控制电路,光耦合器IC4、误差检测电路IC6(TL431)、取样电阻R17等构成稳压电路;二极管VD7、晶体管VT1及继电器K1构成防蓄电池反接电路。

3. 故障检修

接下来根据故障分析逐步对关键检测点进行检查，查找出损坏的部位后，再对损坏的元器件进行代换。

【电动自行车充电器输出电压过高故障的检修】

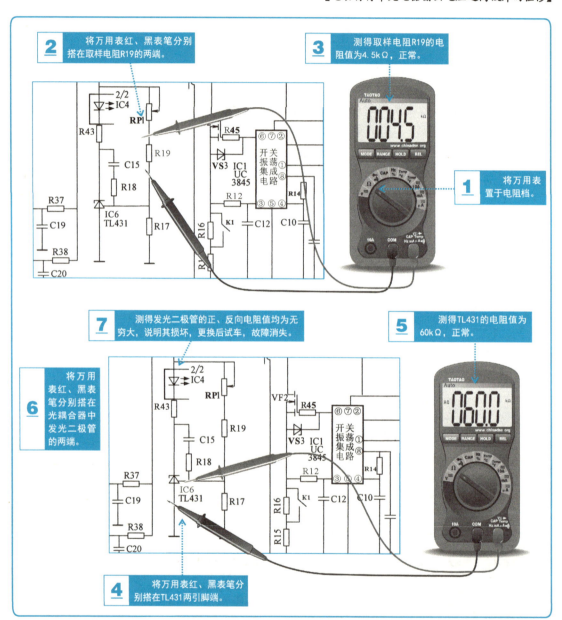

特别提醒

若上述器件均正常，则可能是IC1性能不良，可采用替换法排除故障。值得注意的是，通电检测充电器时，应将熔断器取下，然后在熔断器座上串联一只40~100W的灯泡，实现限流保护，并且可根据灯泡发光状态，来初步判断充电器是否正常工作。一般，若灯泡发光强度很高，与直接接在220V时的亮度相差不多，则表明电路中存在严重的短路故障。

8.2.2 电动自行车充电器不能充电故障的检修

1. 故障表现

使用西普尔牌SP362.PCB充电器为电动自行车蓄电池进行充电时，不能充电，且充电器的电源和充电指示灯均不亮。

2. 故障分析

不能充电且电源指示灯不亮，说明该充电器未工作，开关振荡电路未起振，打开充电器外壳后检查，发现交流输入端的熔断器已熔断，且严重发黑，表明电路中存在严重短路的故障。

【西普尔牌SP362.PCB充电器电路原理图】

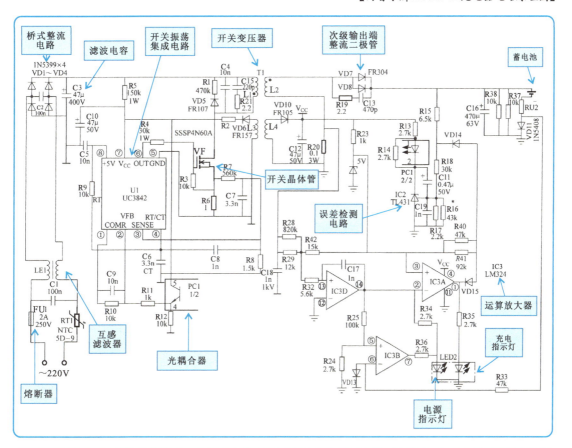

特别提醒

根据维修经验，充电电路中烧熔断器的故障较多，且电路中直接导致熔断器熔断的原因多为开关晶体管击穿，因此对于该类故障应首先检测开关晶体管，然后再根据电路原理，顺信号检查可能引起开关晶体管击穿的原因。

通常造成充电器开关晶体管击穿的原因如下：负载短路引起电流过大，瞬间过电流击穿晶体管；电路负载端不良，导致开关晶体管负载过大，发热加剧导致击穿；开关晶体管散热不灵，引起过热击穿等。

3. 故障检修

接下来根据故障分析逐步对关键检测点进行检查，查找出损坏的部位后，再对损坏的元器件进行代换。

【电动自行车充电器不能充电故障的检修】

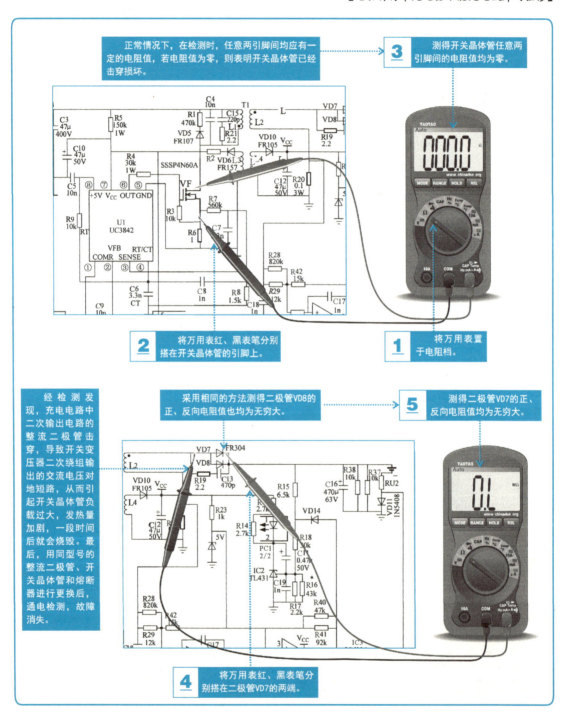

【控制器与转把之间调速信号的检测方法(续)】

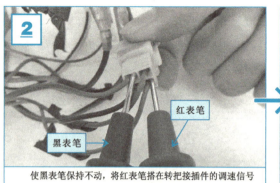

使黑表笔保持不动,将红表笔搭在转把接插件的调速信号端上(细黄线)。

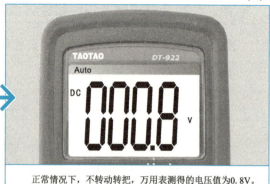

正常情况下,不转动转把,万用表测得的电压值为0.8V。

转动转把,直到电动机达到最大转度。

转动转把时,电压值不断上升,当电动机达到最大转速时,测得电压值为3.6V。

特别提醒

实测控制器输入的转把调速信号在0.8~3.6V之间变化,该变化范围由调速转把的类型决定。一般,万用表读数应在0.8~4.8V之间变化,若在转动转把时未观察到电压的变化,则说明转把可能已损坏。

3. 检测闸把送入控制器的制动信号

闸把为控制器送入制动信号,控制器接收到该信号后,会切断电动机的供电。操作闸把时,制动信号应有高、低电平的变化,该变化可用万用表检测到。

【控制器与转把之间调速信号的检测示意图】

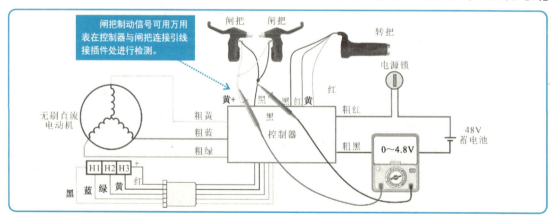